全くダメな英語が1年で話せた!
アラフォーOL Kayoの
『秘密のノート』
とことん初級編

重盛佳世

## はじめに

　2013年、私がイギリス留学時代にまとめていた"ノート"が1冊の本（「全くダメな英語が1年で話せた！アラフォーOL Kayoの『秘密のノート』」）になりました。そして、予想を超えるたくさんの方々に読んでいただきました。イギリス滞在中に母校のコンコルド・インターナショナルに顔を出すと、日本人学生の皆さんから「Kayoさん、活用しています」とか「Kayoさんの本を読んで、イギリス留学を決意しました」なんて声をかけてもらうことも多く……。とにかく、いろいろなところから嬉しい声が届きました。

　今回の本は、その『秘密のノート』の第2弾なのですが、まとめるにあたっては、読者の方からの「ここをもっと知りたい！」「この部分が面白かった！」などという声を参考に、もう一度"初心者の気持ちに戻って"、当時のノートやテキストを読み返しました。すると、かつての私のようなビギナーにはぴったりの"面白いネタ"が、まだまだたくさんあったのです。そこからの作業は早かったです。とにかく「こんな内容も入れたい」「こういう見せ方だったら、もっとわかりやすく説明できる！」と、何度も内容を吟味し、前回以上に図やイラストを充実させていきました。

　改めて思うのは、英語の奥の深さです。留学当時から6年も経ち、1年の半分以上をイギリスで生活している私でも、いまだに英語は"勉強中"です。毎日毎日、新しい発見をしていますし、それと同じくらいに失敗や勘違いをして、恥ずかしい思いや悔しい思いもしています。でも、そうやって覚えた英語のほうが、かえって身についているものなんですよね（笑）。ですから、失敗を恐れず、楽しく英語と接しています。

　この本は、こんな私が作ったものなので、本当に、気楽に読んでください。そして、少しでも英語の楽しさに触れていただければ幸いです。

2014年4月　重盛佳世

全くダメな英語が1年で話せた！
アラフォーOL Kayoの『秘密のノート』
とことん初級編

## CONTENTS

**Lesson 01** … 6
挨拶さえできれば、
会話は始められる！

**Lesson 02** … 8
初対面の人には、
こんな会話で切り出そう。

**Lesson 03** … 10
天候不順なイギリスでは、
天気の話ができて一人前！

**Lesson 04** … 12
実感のこもった言い回しで
暑さ寒さを表現できる？

**Lesson 05** … 13
veryだけじゃない。
表現に強弱をつけると
気持ちが伝わる。

**Lesson 06** … 14
見たり聞いたりするのにも、
いろんなパターンがあります。

Kayoはこんなふうに
ボキャブラリーを増やしました

Kayoのボキャブラリーアップ大作戦!!① … 16
噂話に花が咲く！
キャラクター表現を覚えよう。

**Lesson 07** … 18
英語は1つじゃない!?
イギリスとアメリカではこう違う。

**Lesson 08** … 20
時間は正確に！
イギリス人が好む
時計の読み方をマスター。

**Lesson 09** … 22
量や大きさの過不足を伝える
tooとenoughのルールを覚えよう。

**Lesson 10** … 23
毎日? 月1回?
頻度をシンプルに伝える1ワード！

**Lesson 11** … 24
「おいしい」だけじゃない！
It'sを使って
バリエーションを覚えよう。

繰り返し読むことで、日常生活に
欠かせない動詞が覚えられます！

やさしい長文で動詞を覚えよう。
ーコンコルドで習った読む学習法Ⅰー … 26
Sleep / Keeping clean

**Lesson 12** … 28
コーヒー1杯、靴下1足は
どう言うのが正解？

コラム イギリスの迷信① … 30
幸運を呼ぶおまじない♪

**Lesson 13** … 31
それって数えられる?
数や量はこう表現しよう。

**Lesson 14** … 32
苦手な前置詞をらくらく克服!
図解で完全マスターしよう。

**Lesson 15** … 34
いとこや義理の姉妹を
英語でさらっと紹介できる?

**Lesson 16** … 36
"do"をつけるだけの簡単表現、
どれだけ知っている?

**Lesson 17** … 38
何にでも代用できるgetで、
カジュアルトーク!

**Lesson 18** … 40
イギリス人の言い方を真似て、
何にでもhaveを活用しよう。

**Lesson 19** … 42
"作る"だけじゃないmakeを
とことん使っちゃおう!

> Kayoのボキャブラリーいち大作戦!!② … 44
> どんなタイプの人かを
> 言えるようになろう。

> コラム イギリスの迷信② … 46
> 災いをもたらすものには…

**Lesson 20** … 47
基本の言い方を覚えれば、
気軽に道案内ができる!

**Lesson 21** … 48
気をつけて!
ひと目でわかるインフォメーション。

**Lesson 22** … 50
お願いしたい時に便利な
最強のフレーズはこれ!

> KayoのボキャブラリーUP大作戦!!③ … 52
> 日常生活はこの14の動詞で
> たいてい説明できる。

**Lesson 23** … 54
Howを使えば、
たいていの疑問は解決できる!

**Lesson 24** … 56
「どんな感じ?」を伝えるなら、
Itから始めよう。

**Lesson 25** … 58
人とモノで区別する、
不思議な英語のルールを知っている?

> KayoのボキャブラリーUP大作戦!!④ … 59
> より強調して言う、
> こんな表現も覚えておこう。

**Lesson 26** … 60
リクエストやご招待には、
スマートな返事で応じたい!

**Lesson 27** … 62
混乱せずに正しく言える?
go/comeはこうして使う!

**Lesson 28** … 63
takeとbring、どっち?
同じように運ぶのにも違いがあります。

> コラム イギリスの迷信③ … 64
> やってはいけないこと

**Lesson 29** … 65
いつ決めた? 未来のことを
伝えるにはここがポイント!

**Lesson 30** … 66
実はルールがあった!
時に関する表現はこれで完璧。

**Lesson 31** … 68
経験や結果、状況を話す時の
パターンを覚えよう。

**Lesson 32** … 70
同じ「乗る」でも、
タクシーを利用する場合は要注意!

**Lesson 33** … 71
道に迷ったら、
恥ずかしがらずに人に聞こう。

**Lesson 34** … 72
これさえ覚えれば、
もう駅の窓口でも困らない!

> やさしい長文で動詞を覚えよう。
> ーコンコルドで習った読む学習法Ⅱー … 74
> Evenings / Wear

**Lesson 35** … 76
theがつくのは、どんな時?
丸覚えの前に頭の整理を!

**Lesson 36** … 78
数字がすらすら読めたらカッコいい!
まずは基本の読み方から。

**Lesson 37** … 80
具体的にサイズを知りたい時は、
こんなふうに聞こう!

> KayoのボキャブラリーUP大作戦!!⑤ … 81
> 今の気持ちを
> 素直に伝える言葉を覚えよう。

**Lesson 38** … 82
強調して言いたいなら、
justを極めよう!

> コラム イギリスの迷信④ … 84
> クリスマスの素敵な風習

*Lesson 39* … 85
「～したい」という気持ちは、
この2つのフレーズを使い分ける!

*Lesson 40* … 86
具合が悪い時には、
どう言えばいいの?

*Lesson 41* … 88
習うより慣れよ!?
お買い物で会話レッスン!

*Lesson 42* … 90
間違えないで言おう!
お金やモノの貸し借り。

*Lesson 43* … 91
ドギマギせずに注文できる、
このフレーズをフル活用!

*Lesson 44* … 92
これだけ覚えておけば、
気軽に電話できちゃう。

*Lesson 45* … 94
要注意! 全く同じ表現でも
意味が違うことがあります。

やさしい長文で動詞を覚えよう。
－コンコルドで習った読む学習法Ⅲ－ … 96
Food / Work / Housework

*Lesson 46* … 98
ウェルダン! この言葉が
とっさに出たらネイティブ並み。

*Lesson 47* … 100
生活の中で使うフレーズは、
とにかく丸覚えがいちばん!

*Lesson 48* … 102
どれだけわかる?
いまどきの略語だってマスターしたい!

*Lesson 49* … 103
それって何の表現?
日本語と比べてみよう。

KayoのボキャブラリーUP大作戦!!⑥ … 104
反対語とセットで覚えて、
ボキャブラリー倍増!

*Lesson 50* … 106
緊急事態!
トイレに行きたい時はどう言えば?

*Lesson 51* … 107
韻を踏んだ言葉遊びで
英語に慣れよう!

*Lesson 52* … 108
意外に似てる?
日英ことわざ表現。

イギリスでの私の一日 … 110

# Lesson 01
## 挨拶さえできれば、会話は始められる!

コミュニケーションはなんといっても挨拶から。誰かに会う時は必ず使うフレーズなので、身につけておきたいですね。好印象を持たれるフレーズも覚えておくと、役に立ちますよ。

### ☑ 人と会う時は、このフレーズから

**初めて会う時**

How do you do? → Nice to meet you.
はじめまして　　　　　はじめまして

Nice to meet you. → Nice to meet you too.
よろしくお願いします　　こちらこそ、よろしくお願いします

**2回目からは**

Nice to see you. / Lovely to see you again!
もう一度会えて嬉しいわ　　また会えて本当に嬉しいわ

### 知人・友人と会う時

**Hello.** こんにちは　**Hi.** やぁ

**How are you?**
元気？
→ **Fine thanks. And you?**
元気だよ、君は？

**How's it going?**
最近、どう？
→ **Not bad. How about you?**
悪くないよ。君はどう？

朝　　12時　　17時　　21時　　夜
Good morning　Good afternoon　Good evening　Good night

---

**とっても礼儀正しい"Excuse me"**

**Excuse me**は便利な言葉です。ちょっとした会話のはじめにつけると、相手に好印象を持たれます。例えば、込み合った中を通り抜ける時の「**すみません**」、会食中に席を立つ際の「**失礼します**」、シーンとした中でくしゃみをした際の「**失礼しました**」、相手の意見と違った際の「**ちょっと、よろしいですか？**」など。とてもイギリスっぽいフレーズです。

## ☑ 別れ際の挨拶はシチュエーションに合わせて!

**See you**
- **in a minute.** じゃあ、すぐ後で。
- **later.** じゃあ後で。
- **again.** またね。
- **then.** じゃあ、その時に。
- **soon.** すぐに会いましょう。
- **tomorrow.** また明日。
- **at 5 o'clock.** では5時に。
- **on Monday.** また月曜日に。

**Have a**
- **good evening!** 良い夜を!
- **lovely time!** 素敵な時間をお過ごしください!
- **wonderful meal!** 素敵なお食事を!
- **good day!** 良い一日を!
- **great holiday!** 素晴らしい休日を!

**Please**
- **give my best regards to your family.** ご家族によろしくお伝えください。
- **say 'Hello' to your sister.** 妹さんによろしくお伝えください。

### Good Luckは禁物!?

試験の前の相手とか、友人が彼女に告白する時、旅立つ時…など、相手を元気づける時には"**Good luck**"(幸運を祈るよ)と声をかけます。逆に、試験の結果が良くなかったり、友人が彼女にフラれた時には"**Bad luck**"(不運だったね)。ただ、この**Good luck**を言ってはいけない時があるんです。例えば、これから何かパフォーマンス(演劇・演奏・ダンス・スピーチ・プレゼンテーションなど)をしようとしている人には**Good luck**は禁物。なんでも**Good luck**と言うと、その逆の良くないことが起こるとか。代わりに"**Break a leg**"(脚を折れ)と言うようです。あくまでも迷信ですが。ちなみにビンゴとか賭け事に行く人にも、**Good luck**は禁物だそうです(^^;)

# Lesson 02
## 初対面の人には、こんな会話で切り出そう。

初めて会った人と話すのは緊張しますよね。でも、いろんな質問を重ねながら、距離を縮めていくことができます。ここでは、私がイギリスで実際に使った会話例を紹介します！

☑ **自分から話しかけるには…**

はじめまして、Kayoです。
**I'm Kayo. Nice to meet you.**

あなたのお仕事は何ですか?
**What do you do?**

イギリスのどちらにお住まいですか?
**Where do you live in England?**

あなたの趣味は何ですか?
**What are your hobbies?**

ご兄弟(姉妹)は何人いますか?
**How many brothers and sisters do you have?**

日本に行ったことはありますか?
**Have you ever been to Japan?**

ペットは飼っていますか?
**Do you have any pets?**

食べ物は何がお好きですか?
**What is your favourite food?**

日本にご興味はありますか?
**Are you interested in Japan?**

今週末は何をする予定ですか?
**What are you doing this weekend?**

## ☑ 相手から質問を受けたら…

**Q** どこに住んでいるの?
> カンタベリーに住んでいます。
> **I live in Canterbury.**

**Q** 職業は?
> 学生で、英語の勉強をしています。
> **I'm a student. I'm studying English.**

**Q** あなたの趣味は?
> 料理が好きですが、食べることはもっと好きです!
> **I like cooking but I love eating more!**

**Q** ご兄弟はいるの?
> 兄と妹がいます。
> **I have an older brother and a younger sister.**

**Q** 海外に行ったことある?
> パリに2回行ったことがあります。
> **I've been to Paris twice.**

**Q** 食事はどうでした?
> おいしかったです。ありがとう。
> **It was very nice, thanks.**

**Q** 楽しんでいただけた?
> とても楽しかったです。
> **I had a really lovely time.**

---

### パーティでも役立つとっさの一言

▶ 相手が言っていることが聞き取れなかった時
**Sorry?**
すみません?
もっと丁寧に言うと
**Could you say it again?**
もう一度言っていただけませんか?

▶ 乾杯する時
**Cheers!**
カンパーイ!

▶ 料理をいただく時
**Looks delicious!**
おいしそう!

**Smells gorgeous!**
いい匂い!

「いただきます」という言葉はないので、このような言葉を言ったら喜ばれます。

▶ 写真を撮る時
**Say 'Cheese'**
はい、チーズ。

▶ セルフの時
**Help yourself.**
ご自由にどうぞ。

▶ おかわりを勧める時
**Would you like another one?**
もう一杯いかがですか?

## Lesson 03 天候不順なイギリスでは、天気の話ができて一人前!

コロコロ変わる天気のことを、皮肉を込めて「イングリッシュ・ウェザー (イギリスの天気)だねー」というくらい不安定なイギリスの空。天気予報でもたくさんの表現を耳にします。

### ☑ 基本のお天気表現

**It's sunny.**
晴れているね。

**It's clear.**
快晴だよ。

**It's hot.**
とても暑いね。

**It's cloudy.**
曇っているね。

**It's raining.**
雨が降ってるね。

**It's warm.**
暖かいね。

**It's snowing.**
雪が降ってるね。

**It's foggy.**
霧がかかってるね。

**It's cool.**
肌寒いね。

**It's icy.**
凍結しているね。

**It's humid.**
湿気が多いね。

**It's cold.**
寒いね。

## ☑ まだまだあるお天気用語

**shower** にわか雨
**flood** 洪水
**typhoon** 台風
**heavy rain** 豪雨
**tornado** 竜巻

**thunderstorm** 雷雨
**blizzard** 大吹雪
**hailstone** あられ
**flurry** にわか雪

**drizzle** 霧雨　**light rain** 小雨　**(summer) evening shower** 夕立　**squall** スコール

**rainstorm** 暴風雨　**lightning strike** 落雷　**thunder** 雷　**lightning** 稲妻

**storm** 嵐　**hurricane** ハリケーン　**fog** 濃霧　**mist** 霧　**haze** 薄霧　**overcast** 曇った

**snow pellets** 雪あられ　**hail** ひょう　**sleet** みぞれ　**frost** 霜　**snow shower** しゅう雪

風の種類　弱 → 強
**breeze** そよ風　**wind** 風　**strong wind** 強風　**gale** 疾風　**hurricane** ハリケーン

# Lesson 04
## 実感のこもった言い回しで暑さ寒さを表現できる?

暑い時はhot、寒い時はcoldを使いますが、実はもっと実感のこもった言い回しがあるんです。お天気話が好きなイギリス人を相手にするなら、この辺も押さえておきましょう。

### ☑ 同じ天気でも言い回しはいろいろ

| | | | | |
|---|---|---|---|---|
| 暑い | **hot** 暑い < | **scorching** 焼けつくような(暑さ) <br> **boiling** 沸騰するような(暑さ) | **roasting** 焼かれるような(暑さ) <br> **stifling** 息苦しい(暑さ) | **sweltering** うだるような(暑さ) |
| 寒い | **cold** 寒い < | **chilly** ひんやりした(寒さ) <br> **nippy** 刺すような(寒さ) | < **frosty** 凍えるような(寒さ) <br> **freezing** 凍りつくような(寒さ) | **icy** 氷のような(寒さ) |
| 湿度が高い | **humid** 湿気の多い | **muggy** 蒸し暑い | **steamy** 高温多湿な | **clammy** ベトベトした |
| 湿度が低い | **dry** 乾燥した | | | |

---

### 天気予報でよく使われるあの表現は?

イギリスの天気は変わりやすく、晴れていると思ったら、その直後に土砂降り! というのも珍しくありません。だから天気予報をよくチェックします。その天気予報で便利だと思ったのが、この3つの表現。明日から使える便利ワード、早速、試してみてください。

① **mostly sunny** おおむね晴れ　② **sometimes rainy** 時々雨　③ **partly cloudy** ところにより曇り

# veryだけじゃない。
## 表現に強弱をつけると気持ちが伝わる。

「とても〜」を伝えたい時はveryを使うのが定番。でも、イギリス人はもっと細かく気持ちの強弱を使い分けているんです。このニュアンスがわかれば、ネイティブ並みに！

## ☑ 基本の肯定文を50%とすると…

語学学校で教えてもらうまで、very を使うか so を使うかでこんなに気持ちに差があるなんて知りませんでした。ちょっとしたことですが、フィーリングは正しく伝えないと、ね。

**100%**
- **so** — 100% ⇒ I am **so** hungry. ものすごくお腹が空いている。
- **extremely**
- **incredibly**
- **really**
- **very** — 70% ⇒ I am **very** hungry. とてもお腹が空いている。
- **pretty**
  - 基本文 — 50% ⇒ I am hungry. お腹が空いている。
- **rather**
- **quite** — 40% ⇒ I am **quite** hungry. わりとお腹が空いている。
- **fairly**
- **a bit**
- **a little** — 25% ⇒ I am **a little** hungry. 少しお腹が空いている。
- **not very** — 10% ⇒ I am **not very** hungry. ほとんどお腹は空いていない。

**0%**

> **soだけの決まり** veryやquiteの後には名詞をつけますが、soの後には形容詞のみ。
>
> 彼はとても賢い男の子だ。　　彼はものすごく賢い。
> He is **a very clever boy**. → He is **so clever**.
> 　　　形容詞　名詞　　　　　　　　　形容詞

# Lesson 06 見たり聞いたりするのにも、いろんなパターンがあります。

日本でも「見る」「観る」「診る」などを使い分けるのと一緒で、英語でも見たり聞いたりする単語はいろいろあります。これらの違いを覚えておくと失敗しません！

## ☑「聞く」と「聴く」はこう違う!

**hear**
自然に耳に入る
Can you **hear** the birds singing?
鳥の声が聞こえますか?

騒音・空耳・噂話…

**listen**
耳を傾ける・注意して聴く
I like **listening** to the radio.
私はラジオを聴くのが好きなんです。

音楽・講演・言い訳・先生の言うこと…

## ☑ 「見る」にもいろいろ

**see** — 姿を見かける・何かを見かける…
自然に目に入る
I **saw** her last night.
昨晩、彼女を見かけたよ。

**look** — 窓の外を見る・花を見る…
見ようとして見る／視線を向ける
I just **looked** at the clock.
時計を見ただけです。

**watch** — 動いているものをじっと見る／試合の観戦をする・DVDを観る…
I'm **watching** the football game on TV.
TVでサッカーを観ているんです。

---

**英語の場合は逆です！**

「百聞は一見に如かず」って、英語だと **"Seeing is believing"** って言うんですが、英語の勉強はむしろ **hearing** のほうが大事。テキストを見るだけじゃなく、実際に聞かないとわからない単語がたくさん。聞いて慣れるのが一番です。

# Kayoのボキャブラリー Up 大作戦!! ❶

## 噂話に花が咲く! キャラクター表現を覚えよう。

☑ 身長は?

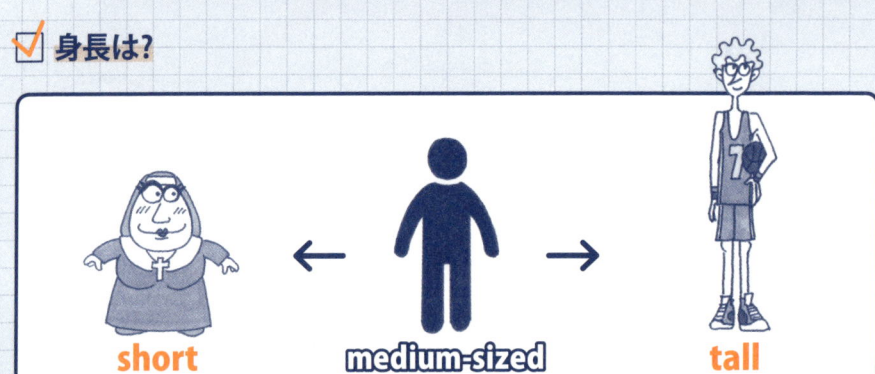

| short | medium-sized | tall |
|---|---|---|
| 背が低い | 中肉中背 | 背が高い |

☑ 体型は?

**slim** 細い (thinよりポジティブな意味)
**medium-sized** 中肉中背
**fat** 太っている

**skinny** 細すぎ
**thin** 細い
**muscular** 筋肉質
**chubby** ちょいポチャ/ふっくらした

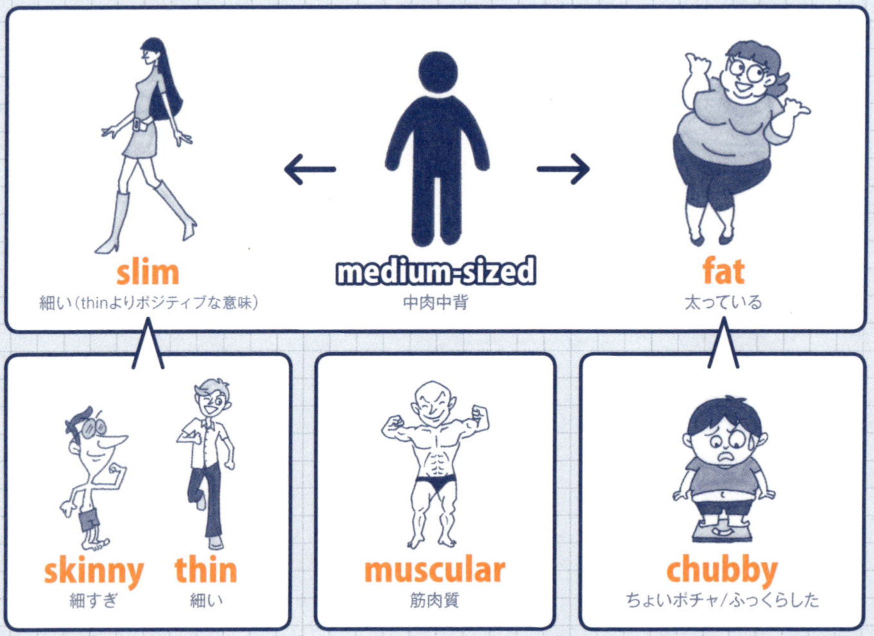

## ☑ どんなヒゲ?

**beard**
顔全体のヒゲ

**moustache**
口ヒゲ

**goatee**
あごヒゲ

**stubble**
無精ヒゲ

## ☑ どんな髪形?

parting / 分け目
**wavy**
ウェイビー

**curly**
カーリー

**bob**
ボブ

**bun**
束ね髪

**mushroom**
マッシュルームカット

fringe / 前髪
**plaits**
三つ編み

**close clipping**
丸刈り

**bald**
ハゲ

## ☑ 髪の色は?

**fair** 薄い髪色
**blond** 金髪
**light brown** 明るい茶の髪色

**dark** 濃い髪色
**black** 黒髪
**dark brown** 濃い茶の髪色

**grey** 白髪

## Lesson 07
## 英語は1つじゃない!?
### イギリスとアメリカではこう違う。

イギリスで英語を勉強して気づいたんですが、アメリカ英語と違う単語がこんなにもたくさんあるんです。英語だからって世界共通ってわけじゃないんですね。要チェックです。

British
American

**往復切符**
return-ticket
round-trip ticket

**ガソリン**
petrol
gas / gasoline

**手荷物**
luggage
baggage

**トラック**
lorry

truck

**アパート**
flat
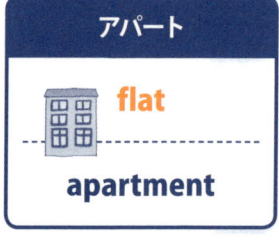
apartment

**エレベーター**

lift
elevator

**1階**
ground floor
first floor

**順番待ちの列**
queue
line

**トイレ**
toilet / loo
bathroom / restroom

**おしめ**
nappy
diaper

**ゴミ**
rubbish

garbage / trash

# 時間は正確に! イギリス人が好む 時計の読み方をマスター。

イギリス生活で戸惑ったのが時計の読み方。「×時×分に約束ね」ではなく、「×時15分前ね」とか「×時10分すぎに…」なんて言われても混乱しないように。基本は大事です。

## ☑ 基本的な時計の読み方

1時間は60分。この60分を1として、halfやquarterを使うのがイギリス流です。

**10分** **ten minutes**

**15分** **fifteen minutes**
**a quarter of an hour**

15分は1/4だから**quarter**を使うんです。

**30分** **thirty minutes**
**half an hour**

30分は半分だから**half**を使うんです。

**45分** **forty five minutes**
**three quarters of an hour**

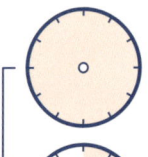
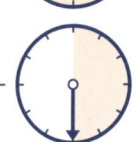

**90分** **ninety minutes**
**an hour and a half**

1時間（60分）と30分と考えます。

## ☑ "past"と"to"は30分を境に使い分ける!

**30分までは**
**past**

**7.00**
seven o'clock

**7.10**
seven ten
**ten past seven**

**7.15**
seven fifteen
**quarter past seven**

日本語では「:」ですが、
イギリスでは「.」なんです

**7.30**
seven thirty
**half past seven**

**7.25**
seven twenty five
**twenty five past seven**

**30分すぎは**
**to**

**8.00**
eight o'clock

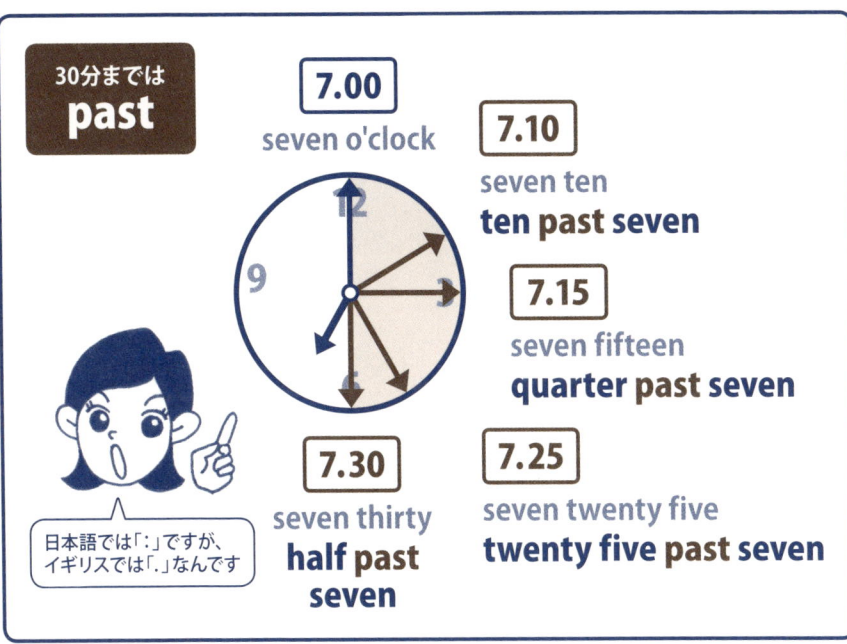

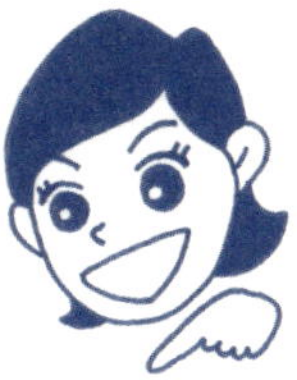

**7.50**
seven fifty
**ten to eight**

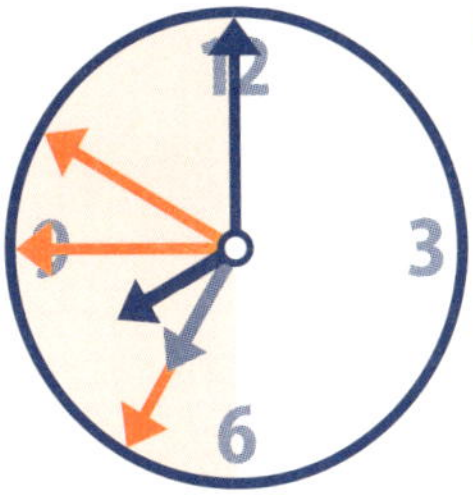


**7.45**
seven forty five
**quarter to eight**

**7.35**
seven thirty five
**twenty five to eight**

30分を過ぎたら、
次の正時の何分前と考えます。

# Lesson 09
## 量や大きさの過不足を伝える tooとenoughのルールを覚えよう。

例えば「多すぎる」時、あるいは「ちょうどいい」時。そんなシーンで使うtooやenoughですが、ちょっとしたルールがあるんです。上手に使い分けましょうね！

## ☑ こうして使うtooとenough

### too ～すぎる

**too** + 形容詞

It is **too** cold today.
今日は寒すぎる。

She's **too** noisy.
彼女はうるさすぎる。

▶ 数や量が多すぎる時

**too many** + 数えられる名詞

There are **too many** DVDs in my rack.
私の棚にはDVDが多すぎる。

**too much** + 数えられない名詞

He had **too much** beer last night.
彼は昨晩、飲みすぎました。

### enough 充分な～

**enough** + 名詞

名詞か形容詞で位置が違います

形容詞 + **enough**

She has **enough** experience to do the job.
彼女はその仕事をするのに充分な経験があります。

He was old **enough** to get married.
彼は結婚するのに充分な年だった。

▶ 充分でない時

**not enough** + 名詞

She did**n't** have **enough** money.
彼女は充分なお金を持っていなかった。

**not** 形容詞 + **enough**

前にnotをつけるだけ！

This beer is **not** cool **enough**!
このビールは充分冷えていないよ！

# 毎日？月1回？
## 頻度をシンプルに伝える1ワード！

いつものことなのか、たまにしかしないことなのかをシンプルに伝えられる副詞を覚えておくと役立ちます。微妙な違いがわかりにくかったので、こんなふうにまとめてみました。

## ☑ 頻度をパーセンテージに置き換えると

「いつも（always）」を100％とすると、usually、often、sometimes…と、頻度は下がっていきます。「まったくない」場合は、neverを使いましょう！

- 100% **always** 〈毎日〉
  I **always** go swimming.
  いつも水泳に行きます。

- 80% **usually** 〈週6〉
  I **usually** go swimming.
  たいてい水泳に行きます。

- 60% **often・frequently** 〈週2〉
  I **often** go swimming. よく水泳に行きます。

- 50% **sometimes・occasionally** 〈月1〉
  I **sometimes** go swimming.
  ときどき水泳に行きます。

- 25% **hardly ever・rarely・seldom** 〈年1〉
  I **hardly** ever go swimming.
  めったに水泳に行きません。

- 0% **never** 〈ゼロ〉
  I **never** go swimming. 水泳には決して行きません。

# Lesson 11
## 「おいしい」だけじゃない！
## It'sを使ってバリエーションを覚えよう。

食べることが大好きな私にとって、何を食べるかは重要な問題！ そして、お腹の空き具合や味の良し悪しを伝えることも生活の一部です（笑）。覚えておくと意外に役立ちますよ。

### ☑ It'sで味覚や食感を伝えよう

食事を盛り上げるちょっとしたひと言。「おいしい」だけじゃなくて、いろんなバリエーションを覚えましょう。It'sを頭につけるだけなので、簡単です。

**It's sweet.** 甘い

**It's salty.** しょっぱい

**It's bitter.** 苦い

**It's sour.** すっぱい

**It's hot.** 辛い

**It's spicy.** ピリッと辛い

**It's juicy!** ジューシー！

**It's mild.** まろやか

**It's rich.** こくがある

**It's oily.** 油っぽい

**It's fresh.** 新鮮

**It's crunchy.** カリカリしてる

**It's crispy.** パリパリしてる

**It's fluffy.** ふわふわしてる

**It's chewy.** モチモチしてる

**It's tender.** （肉が）やわらかい

## ☑ お腹の状況はこう伝える

### Q どのくらい空いている?

**peckish** < **hungry** < **starving**

「小腹が空いている」　「お腹が空いている」　「お腹が空いて死にそう」

### Q どのくらいいっぱい?

**full up** < **stuffed** < **struggling**

満たされています　詰め物をされている　もがきあがくくらい
＝「お腹いっぱいです」　みたい＝「満腹です」　＝「満腹で苦しいです」

## ☑ おいしい/まずいの表現

超おいしい ↑

◀ **delicious** 超おいしい/激ウマ

◀ **yummy** とってもおいしい（幼児言葉）

◀ **tasty** おいしい

◀ **nice/good** イケる

◀ **so-so** まぁまぁ

◀ **not good** 微妙

◀ **tasteless** まずい（味がない）

◀ **disgusting** かなりまずい

◀ **horrible** 超まずい（とても食べられない）

↓ 超まずい

やさしい長文で動詞を覚えよう。
－コンコルドで習った読む学習法1－

# Sleep

On weekdays I usually **wake up** at 6.30 a.m.
　　　　　　　　　　　　目を覚ます
I sometimes **lie in bed** for five minutes
　　　　　　横になる
but I have to **get up**.
　　　　　　起きる
At night, I usually **go to bed** at about 11.30 p.m.
　　　　　　　　　　寝る
I'm very tired that I **go to sleep** very quickly.
　　　　　　　　　　寝つく
When I **have a late night**,
　　　　夜遅くなる
I often **have a nap** in the afternoon.
　　　　昼寝をする
On Saturdays and Sundays I **have a lie-in**.
　　　　　　　　　　　　　　朝寝をする

平日、私はたいてい午前6時半に目を覚まします。
ときどき5分ほどベッドの中でじっとして（横になって）いますが、
起きなければなりません。
夜はたいてい午後11時30分頃にベッドに入ります。
私はいつも疲れているので、すぐに眠ってしまいます。
夜遅くなる時には、午後によく昼寝をします。
土曜、日曜は遅くまでベッドの中にいます（朝寝をします）。

# Keeping clean

In summer I **have a shower** in the morning,
シャワーを浴びる
but in winter I often **have a bath** instead.
風呂に入る
Sometimes I **have a shave** at the same time,
ヒゲを剃る
or I shave when I **have a wash** and **clean my teeth**
手や顔を洗う 歯を磨く
after breakfast.
I **wash my hair** everyday.
髪を洗う

夏に私は、朝、シャワーを浴びますが、
冬はその代わりに、よくお風呂に入ります。
ときどきは、その時に（同時に）ヒゲを剃り、
場合によっては、朝食後、顔を洗ったり歯を磨いたりする時にヒゲを剃ります。
私は毎日、髪を洗います。

繰り返し読むことで、日常生活に欠かせない動詞が覚えられます！

## Lesson 12 コーヒー1杯、靴下1足はどう言うのが正解？

最初は「コーヒー1杯」を英語で言うのにさえ苦労した私。でも、考えてみれば日本語でも、1杯、1足、1箱…といろいろ使い分けているんですよね。要は"慣れ"なのかも。

☑ **入れ物と中身をセットで覚える!**

そのモノだけじゃなく、それは何に入れるのかも一緒に考えると、意外に簡単に覚えられます。複数の場合は"s"をつけるので、そこだけ注意しましょう。

a **cup** of coffee
コーヒー1杯

two **glass**es of wine
ワイン2杯

a **bowl** of soup
スープ1杯

two **bag**s of apples
リンゴ2袋

two **piece**s of cake
ケーキ2切れ

a **box** of chocolates
チョコレート1箱

three **slice**s of ham
ハム3切れ

a **bottle** of beer
ビール1本

two **tin**s of tomatoes
トマトの缶詰2缶

a **packet** of biscuits
ビスケット1パック

five **sheet**s of paper
紙5枚

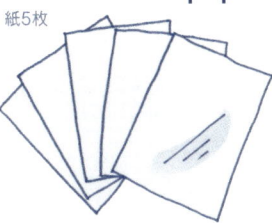

a **jug** of milk
ミルク(水差し)1杯

a **tube** of toothpaste
歯ミガキ粉1本

a **jar** of jam
ジャム1瓶

two **pair**s of socks
靴下2足

a **carton** of orange juice
オレンジジュース1パック

a **can** of cola
コーラ1缶

グループ単位で数える場合

a **herd** of cows
牛の群れ

a **group** of people
人の集まり

two **bunch**es of flowers
花束2つ

## イギリスの迷信①

### 「幸運を呼ぶおまじない♪」

**私**がよくするポーズがあります。それは **cross fingers**（クロスフィンガー）。人差し指に中指を上からかぶらせるように交差させ、十字を作るポーズ。人によっては、片手だけでやる人もいますが、私の場合は両手でやります。これは指で十字架を作るから幸運につながり、悪魔除けの意味を示すことから『幸運を呼ぶジェスチャー』として使われています。「**Good luck!** / 幸運を祈るよ！」とか「神様、お願い」という感じに。そして面白いことに、そのシチュエーションによって、顔の表情が笑顔になったり、眉間にシワを寄せて心配そうな顔になったり、怒ったり、と様々。例えば、私の生活の中でもこんな感じで使われます。**よく風邪をひく**私は、友人から「早く治るといいね」と言われ、「ありがとう。ホント、そう願うよ！」と情けない顔でこのポーズ。

**試験に臨む友人**に対して、「Good luck!」"君なら大丈夫だよ"と真剣な顔をして、このポーズ。**周囲からよく**「Kayoも早く素敵な彼氏ができるといいね」と言われ、「そうだね、どこに私の **right person**（運命の人）がいるのかしら？　早く現れて〜」と祈るような顔つきでこのポーズ。。。**私がステキ**だなって思ったのは、ある日、友人の男の子が、意中の彼女に告白すると言っていたので「頑張れ！」と声をかけたら、「俺なら大丈夫さ♪」と、ウインクしながら片手でこのポーズを取った時。その仕草がなんともキュートで、「なるほど、このポーズは男子が使ってもイケる！」と思ったのでした。

# Lesson 13 それって数えられる?
## 数や量はこう表現しよう。

混乱しがちなのが、数や量を聞いたり答えたりする時の表現。でも、基本のルールを覚えておけば心配ありません。ポイントは、「数えられる」か「数えられない」かです。

## ☑ 数や量を伝える時のルール

| 数えられる | 数えられない |
|---|---|
| **How many apples** are there?<br>りんごはいくつあるの? | **How much milk** is there?<br>牛乳はどれくらいあるの? |
| There are **three apples**.<br>3個(のりんごが)あるよ。 | There is **a little milk**.<br>少し(の牛乳が)あるよ。 |

**apple** 数えられる名詞

**milk** 数えられない名詞

数や量を表す単語も違ってきます。

| | | 多 | | |
|---|---|---|---|---|
| **many / a lot of** | 数多くの | ↑ | たくさんの | **much / a lot of** |
| **some** | いくつかの | | いくらかの | **some** |
| **a few** | 少数の | ↓ | 少しの | **a bit of / a little** |
| | | 少 | | |

---

**ここに注意!** 否定形と疑問形では**some**が**any**に変わります。

I have **some** books. → (否定形) I **don't** have **any** books.
私は(何冊か)本を持っています。　　　　私は(全く)本を持っていません。

(疑問形) **Do** you have **any** books?
あなたは(何冊か)本を持っていますか?

# Lesson 14 苦手な前置詞をらくらく克服！図解で完全マスターしよう。

「〜の上に」という表現でも、on、onto、overのどれを使うかで微妙に意味が違ってきます。ここは、とにかく覚えるしかないので、図を見ながらマスターしてください。

## ☑ 場所や位置を示す前置詞

部屋の中を見回して、前置詞の使い方を練習すると楽しいですよ。どう言えばいいか迷う時は、図を参考に考えてみてください!!

① **Clare's mobile phone is on the bed.**
クレアの携帯電話は、ベッドの上にあります。

② **The magazines are under the bed.**
雑誌は、ベッドの下にあります。

③ **Her keys are in the drawer.**
彼女の鍵は、引き出しの中にあります。

④ **Her bag is next to the book.**
彼女のバッグは、本の横にあります。

**on** 〜の上に

**over** 〜の上に

**in front of** 〜の前に

**into** 〜の中に

**in / inside** 〜の中に

**under** 〜の下に

**behind** 〜の後ろに

**out of** 〜の外に

**onto**
〜の上に

**up**
上へ／上がって

**above**
〜より上に

**near**
〜の近くに

**off**
落ちる／離れる

**down**
下へ／下がって

**below**
〜より下に

**next to /
by / beside**
〜の隣に

**against**
〜に反して

**over**
〜を越えて

**through**
〜を通り抜けて

**from A to B**
AからBへ

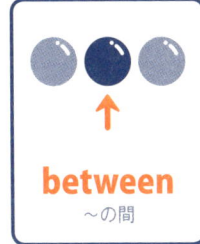
**between**
〜の間

**round /
around**
〜の周りに

**among**
〜の中に

**opposite**
〜の向こう側に／
反対側に

**along**
〜に沿って

**across**
〜を横切って

**past**
〜を通り過ぎて

**towards**
〜のほうへ／
〜に向かって

## Lesson 15 いとこや義理の姉妹を英語でさらっと紹介できる?

「この写真に写っているのは誰？」。インターネットで写真をやりとりする時代ですから、家族はもちろん、仲のよい親戚の子や義理の妹だって紹介する機会はあるかも！

### ✓ 直系家族はどう言う?

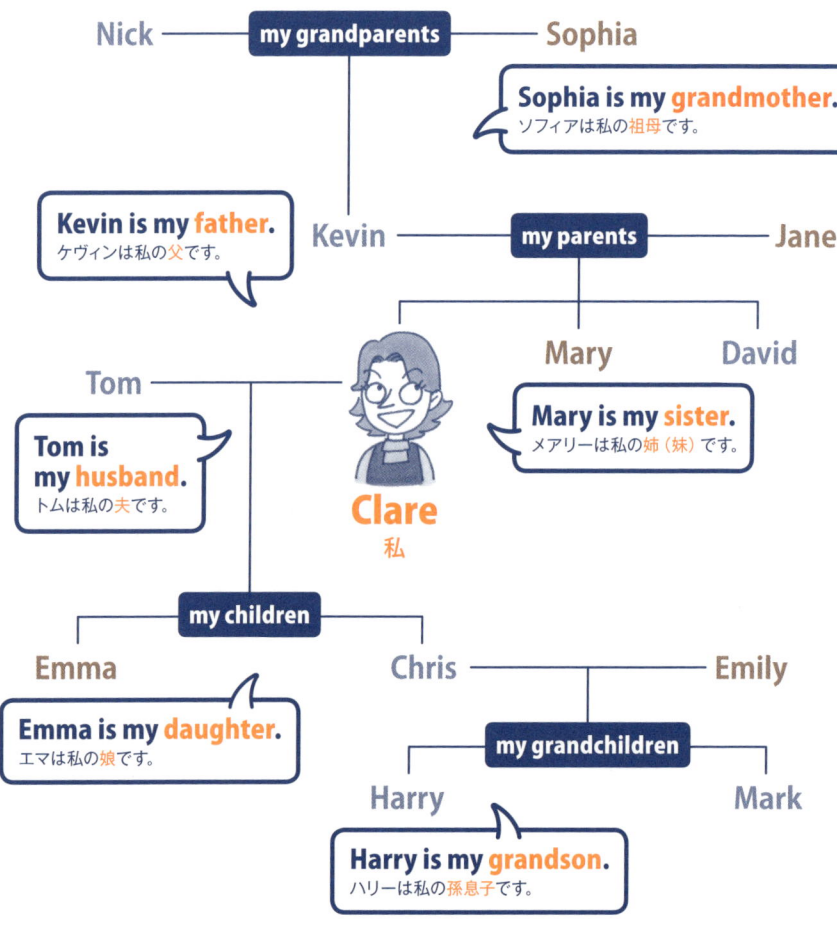

## ☑ 傍系家族はどう言う?

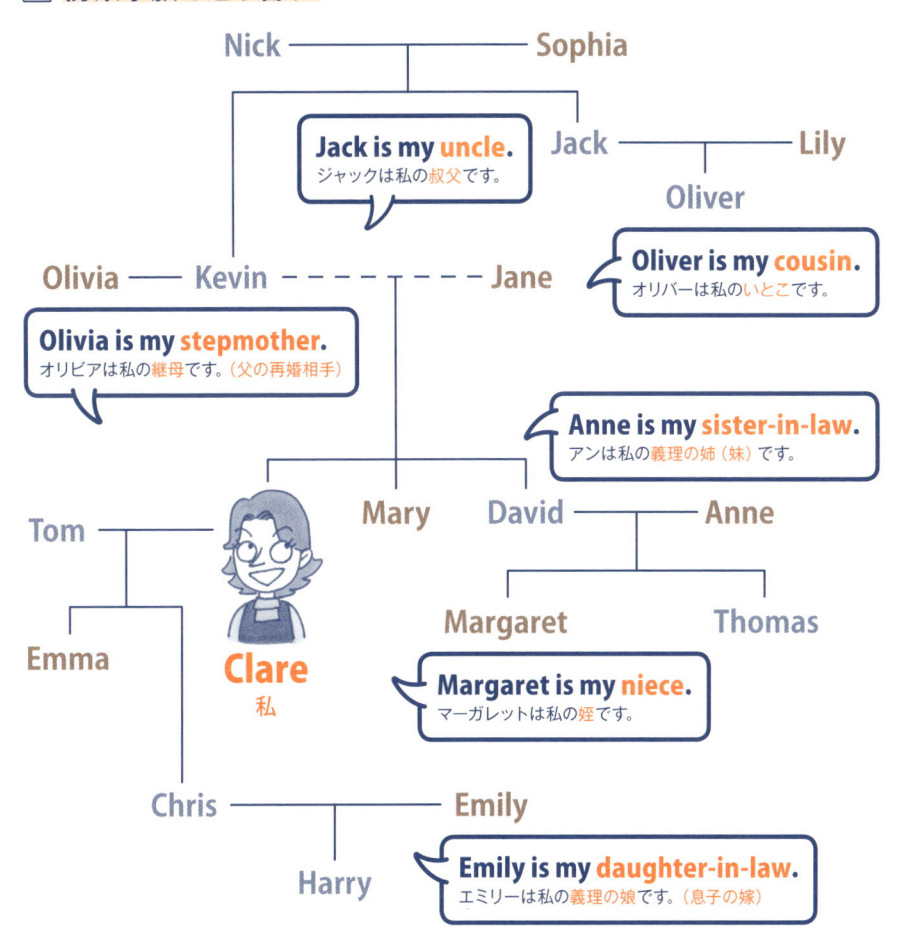

**家系図:**

- Nick ━━ Sophia
  - Kevin, Jack
- Jack ━━ Lily
  - Oliver
- Olivia ━━ Kevin ┄┄ Jane
  - (Kevin と Jane の子: Clare, Mary)
- Mary
- David ━━ Anne
  - Margaret, Thomas
- Tom ━━ Clare (私)
  - Emma, Chris
- Chris ━━ Emily
  - Harry

**吹き出し:**

- **Jack is my uncle.** ジャックは私の叔父です。
- **Oliver is my cousin.** オリバーは私のいとこです。
- **Olivia is my stepmother.** オリビアは私の継母です。（父の再婚相手）
- **Anne is my sister-in-law.** アンは私の義理の姉（妹）です。
- **Margaret is my niece.** マーガレットは私の姪です。
- **Emily is my daughter-in-law.** エミリーは私の義理の娘です。（息子の嫁）

---

### イギリスには多い複雑な家族関係

上の家系図にもありますが、例えば両親が離婚して、父親が別の女性と結婚したら、その人は自分にとって **stepmother**（継母）になるわけで、その人に連れの女の子がいたら、その子は自分にとって **stepsister**（継姉妹）、その継母と父親の間に女の子が生まれたら、その子は **half sister**（腹違いの妹）となります。

**stepsister** → 血の繋がらない姉妹／両親ともに違う

**half sister** → 半分血の繋がった姉妹／どちらかの親が一緒

## Lesson 16
## "do"をつけるだけの簡単表現、どれだけ知っている?

特定の動詞を使わずに、doを使って会話をしちゃうことも多いイギリス人。「え? それでいいの?」と英語ビギナーだった私も驚いたくらい(笑)。本当にdoは便利です。

### ☑ 家の仕事は全部do

**家事をする**

**do housework**

ex) Did you **do housework** yesterday?
昨日、家事をしましたか?

---

**洗濯をする**

**do the washing**

ex) I'll **do the washing** tomorrow!
明日、洗濯しよう!

---

**食器洗いをする**

**do the washing up**

ex) She had to **do the washing up** at that time.
彼女はその時、食器洗いをしなければならなかった。

---

**do the cooking**
料理をする

**do the ironing**
アイロンがけをする

**do the windows**
窓ふきをする

**do the flowers**
花を生ける

**do the room**
部屋を掃除する

**do the garden**
庭の手入れをする

**do the shopping**
買い物をする

---

### 恐るべし、doの威力!

「洗濯する」は **do the washing** ですが、「洗濯物を干す」は **peg the washing out**、「洗濯物をたたむ」は **fold the washing** を使います。初めの頃は、これらの単語もわからなくて、「干しましょうか? たたみましょうか?」というのを「**Shall I do?** +ジェスチャー」で表現していました。それでも通じちゃうんです。そう、**do** は単語がわからなくても応用できる便利な動詞なんです!

## ☑ 身の回りのこともdo

**歯を磨く** **do one's teeth**
ex) I **did my teeth** carefully.
私は念入りに歯を磨きました。

**髪をセットする** **do one's hair**
ex) He **does his hair** before his work.
彼は仕事の前に髪をセットします。

**do one's face**
化粧する

**do one's nails**
マニキュアを塗る

## ☑ こんな時もdoが活躍

**宿題をする**
**do homework**
ex) I had to **do homework** soon.
すぐに宿題をしなければならなかった。

**武術や訓練をする**
**do Judo / Karate / Yoga**
ex) I **do Yoga** every morning.
毎朝、ヨガをします。

**私のお願いを聞いて**
**do me a favour**
ex) Could you **do me a favour**?
私のお願いを聞いてくれませんか?

このフレーズで覚えてしまおう!

**最善を尽くす**
**do my best**
ex) I'll **do my best** at the next project!
次のプロジェクトで最善を尽くします!

---

**ちなみに**

### 私の口癖、「最善を尽くします!」

イギリスの友人から、「Kayoはよくこの言葉を使うよね!」と言われるのが、**I'll do my best.**(努力します!)。思い起こせば、この言葉は小学生くらいから使っています。OL時代も「頑張ります」「努力します」を連呼…。かつて日本語で言っていたのが英語に変わっただけで、やはり自分の口癖は変わらないようです。

## Lesson 17 何にでも代用できるgetで、カジュアルトーク!

難しい動詞を使わずに、getを使って伝えられる表現があります。インフォーマルな言い回しらしいですが、普段のカジュアルな会話ならgetで充分です!

### ☑ いろんな意味を持つget

イギリス人が好んで使うgetの代表的な活用例を挙げてみます。いろんな言葉に置き換えられて便利なので、日常会話ではよく登場するんです。

---

**手に入れる = obtain**

She's trying to **get** a new job.
彼女は、新しい仕事を得ようとしているんだ。

---

**受け取る = receive**

I **got** a letter this morning.
今朝、手紙を受け取ったよ。

---

**〜の状態になる = become**

It **gets** dark very early at this time of the year.
この時期、暗くなるのがとても早くなるよね。

---

**到着する = arrive**

When did you **get** here?
いつ、ここに着いたの?

---

**準備する = arrange**

I have to **get ready** for the party.
パーティの準備をしないといけないんだ。

## ☑ getを使えば、こんな場面も語れちゃう！

**出会う**
**get together**
集まる
**get to know**
知り合う

**結ばれる**
**get married to**
〜と結婚する

**親しくなる**
**get across**
通じる／理解する
**get on with**
仲が良い
**get along with**
〜と仲良くなる

**そして…**
**get over**
乗り越える
**get on**
（何とか）やっていく

---

**ちなみに**

### gettingはこんな時によく使います

〈モノや物事の変化〉
（状態が）だんだん寒くなってきた。

## It's getting cold.

warm, chilly, dark, light, worse
暖かく　肌寒く　暗く　明るく　悪くなって
better, late, busy
良くなって　遅く　忙しくなって

〈人の変化〉
（私は）だんだんお腹が空いてきた。

## I'm getting hungry.

hot, cold, better, worse
暑く　寒く　回復して　悪化して
tired, ready
疲れて　準備ができて

## Lesson 18 イギリス人の言い方を真似て、何にでもhaveを活用しよう。

haveは英語をマスターするうえで基本の動詞ですが、イギリス人はアメリカ人がtakeを使うような場面でもhaveを使います。イギリス人にとって、使い勝手のいい動詞なんです。

### ☑ いろんなところでhaveを活用!

**所有する**

▶ 家族
Do you **have** any sisters?
姉妹はいますか?

▶ お金
He **has** enough money.
彼は充分なお金を持っています。

▶ 物
I **have** a new car.
新車を持っています。

▶ 時間
Do you **have** time?
時間ありますか?

▶ その他
Does she **have** any pets?
彼女はペットを飼っていますか?

**食事**

▶ 朝食・昼食・夕食
What time do you **have** dinner?
何時に夕食をとりますか?

▶ 食べる
I **had** salad for lunch.
ランチにサラダを食べました。

▶ 飲む
He loves **having** a drink very much.
彼は(お酒などを)飲むことが、とても好きなんです。

**夢を見る**

I **had** a bad dream last night!
昨晩、悪夢を見たの!

### バスタイム
**Having a bath** is my favourite time.
お風呂に入るのは私のお気に入りの時間です。
I **have a shower** every morning.
毎朝、シャワーを浴びます。

### 試みる
Let's **have a try**!
やってみましょう!

### 散髪してもらう
Did you **have a haircut**?
髪、切った?

### 病気
Does she **have a fever**?
彼女は熱があるの?
He **had a cold**.
彼は風邪をひいていた。

### 休息する
You should **have a rest**.
君は休憩するべきだよ。

### (子を)授かる・産む
She **has a baby**.
彼女は妊娠している。

---

#### 楽しい時間を過ごす時にはhave!

私の中でhaveは「楽しい時間」というイメージ。こうやって関連づければ覚えやすい!

| | |
|---|---|
| 素敵な時間を過ごす | ▶ **have a wonderful time** |
| パーティを開く | ▶ **have a party** |
| おしゃべりする | ▶ **have a chat** |
| 楽しむ | ▶ **have fun** |
| 会話する | ▶ **have a talk** |
| 休暇を取る | ▶ **have a holiday** |
| よい旅を! | ▶ **Have a nice trip!** |

**holiday**は「休み・休日」という意味ですが、イギリスでは「長期休暇を取って旅行する」という時に使われます。**Where are you going next holiday?**（次のホリディはどこに行くの?）と、こんな感じに。ちなみにこの**holiday**、アメリカでは**vacation**です。日本人にはこちらのほうがなじみ深いですよね。

## Lesson 19
# "作る"だけじゃない
## makeをとことん使っちゃおう!

makeを単純に「作る」という意味でしか覚えていなかった私にとって、いろんなmakeの活用法は驚きでした。そこで、役に立つmake表現をまとめてみました!

### ☑「作る」以外のいろいろな意味

**仲良くなる**
He **made friends with** her quickly.
彼は彼女とすぐに仲良くなりました。

> 「仲直りする」は最後にagainをつけます。
> He **made friends with** her **again**.
> 彼は彼女と仲直りしました。

**決心する** = decide
He **made up his mind**.
彼は決心した。

**間違える**
I always **make a mistake** in speaking.
私はいつも言い間違えちゃうんです。

**音を立てる・騒ぐ**
The children always **make a noise** in the house.
子供たちはいつも家で騒ぐんです。

**お金を儲ける** = earn
I **made some money** in new business.
新しいビジネスでお金を儲けました。

**努力する**
She **made an effort** very much.
彼女はかなりの努力をしました。

| セッティングする = organise | 用意する = prepare |

**I made an appointment with my boss.**
上司にアポイントを取りました。

アポイントを取る順番で、動詞が変わっていきます。

**最初** セッティングしてOKをもらう。
**I make an appointment.**

**次から** アポイントが取れています。
**I have an appointment.**

**She made the bed for me.**
彼女は私のためにベッドを整えてくれた。

**My mum made the meal for me.**
母は私のために食事を準備してくれた。

**Shall I make a cup of tea?**
お茶をいれましょうか？

---

## 魔法の1フレーズ♪

最初の授業の頃、先生が **make** を使ったこのフレーズを教えてくれました。

### You make me feel happy.
あなたは私を幸せな気分にさせてくれる。

素敵ですよね。この **feel** の後に、いろんな感情を表す言葉を持ってくれば応用できるんです。ちなみに「〜な気分」を意味するこの **feel** を取っても、**He makes us annoyed.**（彼は私たちをイラつかせる）と使えたりします。が、私はこの **feel** を入れるのが大好き。今では、私の返信メールの一つとして、なくてはならないものになっています。例えば、こんな感じに。。。

### Thank you for your hearty email. It made me feel uplifted!!!
心のこもったメールをありがとう。それは私をとても元気な気分にさせてくれたよ!!!

いかがですか？　こんな返信をもらったら、相手も悪い気がしないと思うんです！

## Kayoのボキャブラリー Up 大作戦!! ②

### どんなタイプの人かを言えるようになろう。

☑ 反対の性格も一緒にマスター！

⊕ **positive**
ポジティブな意味

⊖ **negative**
ネガティブな意味

**honest** 正直な・誠実な
**dishonest** うそつき・信用できない

**kind** 親切な
**unkind** 不親切な

**cheerful** 元気な・朗らか
**miserable** みじめな・不幸な

**generous** 寛大な・気前がいい
**mean** 狭量・ケチな

**nice** 素敵な
**horrible** ひどい

**strong**
芯の強い・強気

**weak**
芯の弱い・弱気

**hard-working**
勤勉な・がんばり屋

**lazy**
のろま・怠け者

**sensitive**
敏感な

**insensitive**
鈍感な

**clever** 賢い・器用

**stupid** バカな・まぬけ

**flexible**
柔軟な

**inflexible**
融通のきかない

**reliable**
信頼できる

**unreliable**
信頼できない

**warm**
温かい・思いやりがある

**cold**
冷たい・不親切

**optimistic**
楽観的な

**pessimistic**
悲観的な

**relaxed**
リラックスした

**nervous**
びりびりした
神経質な

### イギリスの迷信②

## touch wood & black cat

## 「災いをもたらすものには…」

イギリスに来てすぐの頃、周りの人たちが、話の途中で木のテーブルをなでたりコンッと叩いたりする仕草が目につきました。「何だろう???」。早速、先生に聞いたところ、**touch wood**（タッチ・ウッド）といって『災害が降りかかってきませんように！』というおまじないらしい。『木＝安全』というイメージがあるみたいです。そんなイギリスに、先日、大きな嵐がやってきて、あちらこちらで大洪水！　ホストマザーのサリーの家でも塀が倒され、皆で修復作業にあたったのですが、天気予報では3日後にまた嵐がくると…。私たちはそれを聞き、「これ以上、被害が大きくならないことを祈るばかりね！」とタッチ・ウッド。無事、願いは叶えられました！

### ちょっとした黒猫騒動も

ある時、ダイニングルームで宿題をしていたら、庭に黒猫がやってきて、気持ちよさそうに日向ぼっこ！　そこにサリーが帰ってきたので、「見て、庭に黒猫…。縁起悪いね！」と言ったら、「えっ？ Kayo、イギリスでは逆よ！」と。日本では「黒猫が自分の前を横切ると不吉なことが起きる」なんて言いますが、イギリスでは幸運のシンボルとして親しまれているそうなんです。そう言われれば、やたらと黒猫グッズがあったりする…。そうそう、猫といえば、イギリスでは犬が家の中で大事に飼われ、猫は外で放し飼いされるケースが多いんです。こちらも日本とは逆。国が違えば、これだけ違ってくるんですね。

## Lesson 20
## 基本の言い方を覚えれば、気軽に道案内ができる！

日本語で言えば簡単なのに、英語になるとしどろもどろ…。そんな経験はすっかり忘れて（！）、道案内の基本フレーズをマスターしちゃいましょう。あとは自信を持つだけ！

☑ 駅から私のオフィスまで案内します

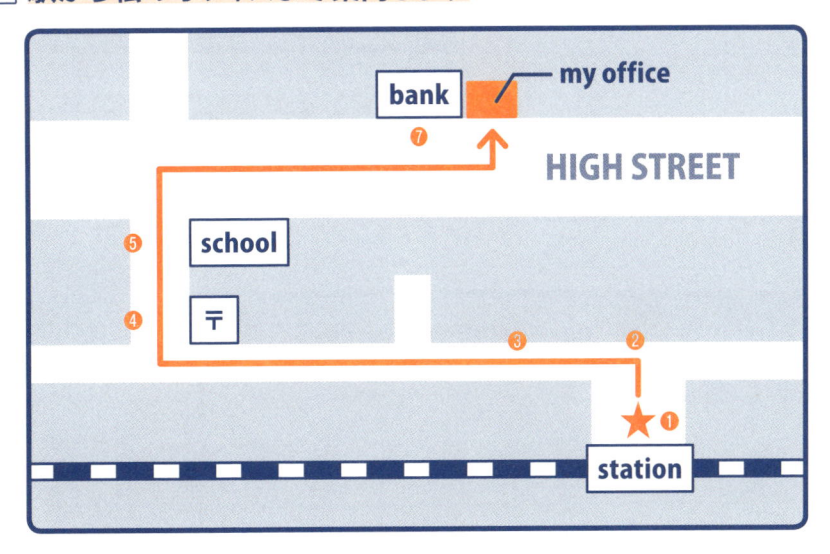

**Come out** of the station and **turn left**.
❶駅から出る　　　　　　　　　　　❷左に曲がる
Go **along the road** until the post office and turn right.
　　❸道に沿って
Then you **keep going** until you **get to** the school.
　　　　❹そのまま行く　　　　　❺学校に着く
And then turn right again **into** the High Street,
　　　　　　　　　　　　　❻ハイストリートへ
and you will see my office **next to** the bank.
　　　　　　　　　　　　❼隣に

駅から出たら、左に曲がってください。郵便局まで道に沿って行き、右折。それから、学校に着くまでそのまま行きます。その後、もう一度、右に曲がってハイストリートに。そうすると、銀行の隣に私のオフィスが見えますよ！

## Lesson 21 気をつけて！
### ひと目でわかるインフォメーション。

目を引くデザインで注意を呼びかけているのに、意味がわからなくて大失敗！ そんなことが起きないように、看板や注意書きの意味くらいは覚えておきたいですね。

☑ **インフォメーション**

**OUT OF ORDER**
▶ (機械が) 故障中 ex) 電話・ATM

**NO VACANCIES**
▶ 空きなし / 満室 ex) ホテル・駐車場

**NO EXIT**
▶ 通り抜け不可

**KEEP RIGHT**
▶ 右側通行 ex) エスカレーター

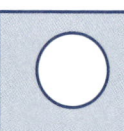

**PLEASE DO NOT DISTURB**
▶ 起こさないでください ex) ホテルの部屋のドア

**PLEASE QUEUE OTHER SIDE**
▶ 向かい側に並んでください ex) 郵便局や銀行

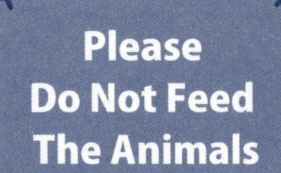

**Please Do Not Feed The Animals**
▶ 動物にエサを与えないで ex) 動物園・公園

**Keep off the grass**
▶ 芝生に入らないで ex) 公園

**MIND THE STEP**
▶ 足元に注意 ex) 床が濡れている時

DO NOT LEAVE
BAGS
UNATTENDED

▶ カバンを置きっぱなしにしないで
ex) 駅・空港・お店

DO NOT LEAN
OUT OF THE WINDOW

▶ 車両の外に身を乗り出さないで

Watch out!

▶ 気をつけて/危ない！

FRAGILE

▶ ワレモノ注意

SILENCE
EXAMINATION IN PROGRESS

▶ 試験中は静かに

DEAD END

▶ 行き止まり

MIND YOUR HEAD

▶ 頭上注意

BEWARE OF PICKPOKETS

▶ スリにご用心 ex) 観光地・街中

### ちなみに  このサインは見逃しちゃダメ！

イギリスのスーパーマーケットやドラッグストアでよく見かけるこれらのサイン。実は私の大好きな「お買い得」印なのです。「Buy1 Get1 Free」や「2 for 1」は、商品を2つ買って1つ分の金額（その代わり、商品は2つ買わないといけないんですけどね）。日用品やよく使うものは、このサインがついた時にまとめ買いしちゃいます。また「2 for 1」などは、観光地のアトラクションや行き来のバス・電車の運賃でも使われることがあります。何とも嬉しいサービス♪　これらのサインは見落とさず、うまく活用しちゃいましょう！

**BUY 1 GET 1 FREE!** 1つ買うと もう1つはタダ ＝ 半額

**3 for 2** 3つで2つ分の値段

**2 for 1** 2つで1つの値段 ＝ 半額

## Lesson 22
## お願いしたい時に便利な最強のフレーズはこれ!

何かをお願いする時こそ丁寧に、が鉄則です。シチュエーションや相手との関係によって言い方が違ってきますが、まずは基本のフレーズを自分のものにしてしまいましょう。

☑ **❶許可を求める**

---

**Can I〜?** → 友人や家族など(親しい人)に

シャワーを浴びてもいい?
**Can I have a shower?**

窓、開けていい?
**Can I open the window?**

---

**May I〜?** → 上司やクライアントなど(目上の人)に

来月、休暇を取ってもいいですか?
**May I have a holiday next month?**

---

**Could I〜?** → ショップの店員など(知らない人)に

赤ワインをいただけますか?
**Could I have a glass of red wine?**

## ❷依頼する

**Can you〜?** → カジュアルに頼む時

TVのボリューム上げてくれない?
**Can you** turn the TV volume up**?**

**Could you〜?/ Would you〜?** → ていねいに頼む時

私たちの写真を撮っていただけますか?
**Could(Would) you** take a picture of us**?**

### 頼み方を間違えないでね!

「私の写真を撮っていただけますか?」 
**Could you** take a picture **of me**?

「私と一緒に写真に入っていただけますか?」 
**Would you** take a picture **with me**?

「あなたの写真を撮ってもいいですか?」 
**Could I** take a picture **of you**?

### お願いばかりじゃダメ!

いくら最強のフレーズだからといって、お願いばかりじゃダメですよね。余裕がある時は、こんなフレーズも使ってみよう!

**Shall I〜**
〜しましょうか?

**Shall I** cook dinner tonight?
(私が)今夜、夕食を作りましょうか?

## Kayoのボキャブラリー Up 大作戦!! ③
### 日常生活はこの14の動詞でたいてい説明できる。

☑ **基本動詞の使い方**

日常生活でよく使う基本の動詞を覚えれば、たいていのことは説明できるようになります。私が語学学校に通っていた頃に使い回した14の動詞、役に立ちますよ!

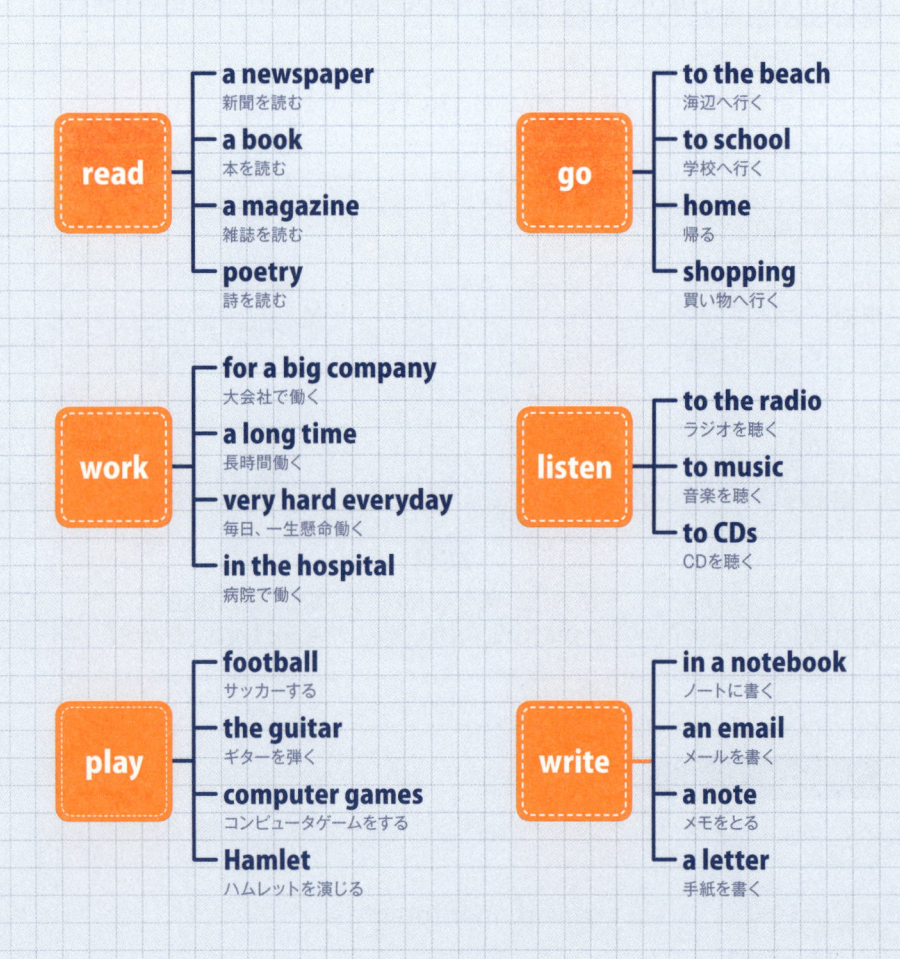

**read**
- a newspaper 新聞を読む
- a book 本を読む
- a magazine 雑誌を読む
- poetry 詩を読む

**go**
- to the beach 海辺へ行く
- to school 学校へ行く
- home 帰る
- shopping 買い物へ行く

**work**
- for a big company 大会社で働く
- a long time 長時間働く
- very hard everyday 毎日、一生懸命働く
- in the hospital 病院で働く

**listen**
- to the radio ラジオを聴く
- to music 音楽を聴く
- to CDs CDを聴く

**play**
- football サッカーする
- the guitar ギターを弾く
- computer games コンピュータゲームをする
- Hamlet ハムレットを演じる

**write**
- in a notebook ノートに書く
- an email メールを書く
- a note メモをとる
- a letter 手紙を書く

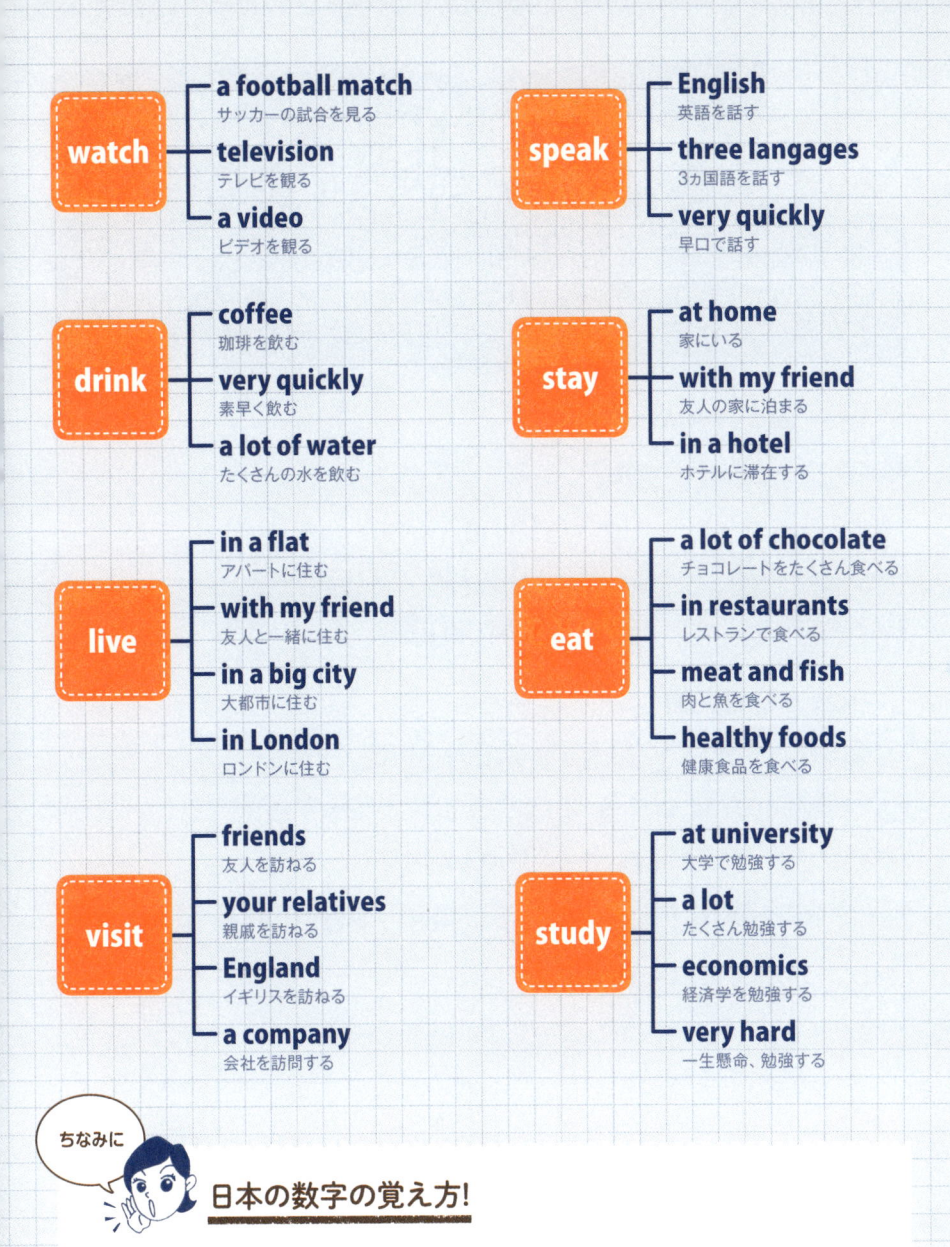

- **watch**
  - a football match
    サッカーの試合を見る
  - television
    テレビを観る
  - a video
    ビデオを観る

- **speak**
  - English
    英語を話す
  - three langages
    3ヵ国語を話す
  - very quickly
    早口で話す

- **drink**
  - coffee
    珈琲を飲む
  - very quickly
    素早く飲む
  - a lot of water
    たくさんの水を飲む

- **stay**
  - at home
    家にいる
  - with my friend
    友人の家に泊まる
  - in a hotel
    ホテルに滞在する

- **live**
  - in a flat
    アパートに住む
  - with my friend
    友人と一緒に住む
  - in a big city
    大都市に住む
  - in London
    ロンドンに住む

- **eat**
  - a lot of chocolate
    チョコレートをたくさん食べる
  - in restaurants
    レストランで食べる
  - meat and fish
    肉と魚を食べる
  - healthy foods
    健康食品を食べる

- **visit**
  - friends
    友人を訪ねる
  - your relatives
    親戚を訪ねる
  - England
    イギリスを訪ねる
  - a company
    会社を訪問する

- **study**
  - at university
    大学で勉強する
  - a lot
    たくさん勉強する
  - economics
    経済学を勉強する
  - very hard
    一生懸命、勉強する

> ちなみに
>
> ### 日本の数字の覚え方!
>
> 私はこうやって単語を覚えたけれど、イギリスの子供たちには日本の1〜10をこう教えます。**イチ**=**itch**(かゆみ)、**ニー**=**knee**(ひざ)、**サン**=**sun**(太陽)、**シー**=**see**(見る)、**ゴー**=**go**(行く)、**ロク**=**rock**(岩)、**ナナ**=**nana**(おばあちゃん)、**ハチ**=**hatch**(ふ化する)、**キュー**=**queue**(列)、**ジュウ**=**juice**(汁)。面白いでしょう?

## Lesson 23
# Howを使えば、たいていの疑問は解決できる！

何かを尋ねる時にHowはとっても便利。どんな疑問にも応用できるので、一日に何回も使ってしまいます。ただし、年齢のことを妙齢の女性に聞く時は要注意です（笑）。

### ☑ Howで様子や状況を聞く

- 元気? → **How are** you?
- 調子はどう? → **How is** everything?
- イギリス生活はどう? → **How is** your life in England?
- 彼女は元気? → **How is** your girlfriend?

### ☑ Howで結果を聞く

- 休暇はどうだった? → **How was** your holiday?
- あの映画はどうだったんだ? → **How was** that film?
- 試験はどうだった? → **How was** the exam?
- ご両親はお元気でしたか? → **How were** your parents?

### ☑ Howに聞きたいことをつけるだけ！

疑問詞の中でも、Howは「どのくらい？」と聞き出す時に重宝するワードです。

▶ **頻度**について尋ねる

**How often** do you play golf?
どのくらいの頻度でゴルフをするの？
→ Every day.
　毎日さ。

▶ **長さ／時間**について尋ねる

**How long** does it take from here to London?
ここからロンドンまではどのくらいかかるの？
→ Two hours.
　2時間よ。

▶ 値段について尋ねる

**How much** is this shirt?
このシャツはいくらですか？
→ It's £27.
27ポンドです。

▶ 年齢について尋ねる

**How old** are you?
あなたは何歳なの？
→ 18 years old.
18歳よ。

▶ 大きさについて尋ねる

**How big** is your dog?
あなたの犬はどのくらいの大きさ？
→ It's not very big.
そんなに大きくないよ。

▶ 高さについて尋ねる

**How tall** is she?
彼女の身長は？
→ 160 centimetres.
160cm。

▶ 速さについて尋ねる

**How fast** can you walk?
どのくらい速く君は歩けるの？
→ 5 kilometres an hour.
時速5kmだね。

▶ 距離について尋ねる

**How far** can you swim?
どのくらい遠くまで泳げる？
→ 10 kilometres.
10km。

▶ 深さについて尋ねる

**How deep** is this swimming pool?
このプールはどのくらいの深さ？
→ About 1 metre 50 centimetres.
約1m50cmだよ。

▶ うまさについて尋ねる

**How well** can you speak English?
どのくらい(うまく)英語を話せるんだい？
→ Not very well.
うまくないんだ。

55

## Lesson 24 「どんな感じ？」を伝えるなら、Itから始めよう。

見たもの、聞いたこと、嗅いだこと、味わったもの、感じたことを、そのまま率直に伝える方法があります。それがItから始まるフレーズ。シンプルな表現なので早速、使ってみよう。

### ☑ 感動や感覚はこのフレーズで！

「五感の動詞」と言われるのが、look、sound、smell、taste、feelの5つ。これらをItに続けて、感じた言葉（形容詞）を加えると、感情や状況を伝えるフレーズになります。

**It + 五感の動詞 + 形容詞**

**見る** ex) **It looks cute!** キュートだね！
＊可愛いものを見た時

**聞く** ex) **It sounds strange!** 奇妙な音だね！
＊変な音を聞いた時

**嗅ぐ** ex) **It smells nice!** いい匂いだね！
＊良い香りやおいしい匂いを嗅いだ時

**味わう** ex) **It tastes horrible!** 最悪な味だね！
＊まずいものを食べた時

**感じる** ex) **It feels happy!** ハッピーだね！
＊楽しさや幸せを感じた時

## ☑ "like"をつけ加えると、より具体的に!

前ページで覚えた五感表現をより具体的にするのが、like＋名詞を使った表現。「～みたい」って日本語でもよく使うけれど、イギリス人もよく使うフレーズなんです。

It ＋ 五感の動詞 ＋ like 名詞

**見る/観る** It + looks + like + 名詞

ex) It **looks** like a haunted house.
（見た目が）お化け屋敷みたいね。

**聞く/聴く** It + sounds + like + 名詞

ex) It **sounds** like hail.
（雨じゃなくて）ヒョウ（の音）みたいね。

**嗅ぐ** It + smells + like + 名詞

ex) It **smells** like citrus fruit.
柑橘系の香りのようね。

**味わう** It + tastes + like + 名詞

ex) It **tastes** like wasabi.
（味が）ワサビのようだね。

**感じる** It + feels + like + 名詞

ex) It **feels** like real feathers.
（触れた感じが）本物の羽毛のようね。

## Lesson 25 人とモノで区別する、不思議な英語のルールを知っている?

英語には、〜ingと〜edを使った形容詞がありますが、その使い分けを意識したことはありますか? 実は、モノに対しての説明なのか、人の感情を表すのかがポイントなんです。

### ☑ 〜ed/〜ingはこうして使い分ける!

モノに対する説明をする時は〜ing、人の感情を伝える時は〜ed。このルールを覚えておけば、もう悩むことはありません。意外に簡単でしょう?

- It was an **exciting drama**〔モノ〕, I was very **excited**〔人〕.
  それは刺激的なドラマで、私はとても興奮した。

- It was such a **boring party**〔モノ〕, I was **bored**〔人〕.
  それはとても退屈なパーティで、私はつまらなかった。

### ☑ まだある「モノ/人」で区別する形容詞

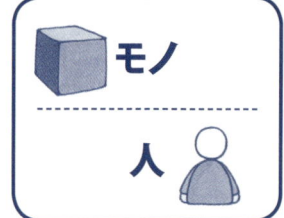

| モノ / 人 | | |
|---|---|---|
| **surprising** 驚くべき | **confusing** 混乱させる | |
| **surprised** 驚く | **confused** 混乱する | |
| **interesting** 興味深い | **terrifying** 恐ろしい | **tiring** 疲れさせる |
| **interested** 興味を持つ | **terrified** おびえる | **tired** 疲れる |

## Kayoのボキャブラリー Up 大作戦!! ④

**より強調して言う、こんな表現も覚えておこう。**

☑ 「もっと〜」の時の言い方をチェック!

| big 大きい → | **huge** 巨大な | hot 熱い → | **boiling** 沸騰した |

| tired 疲れた → | **exhausted** 疲れ果てた | funny 面白い → | **hilarious** 超おかしい |

| **tiny** 極小の ↑ small 小さい | **freezing** 凍えそうに寒い ↑ cold 寒い | **intelligent** 知的で賢い ↑ clever 賢い | **packed** ぎゅうぎゅう詰め ↑ crowded 混雑した |

| **amazed** 超びっくりした ↑ surprised 驚いた | **terrified** おびえる ↑ frightened ぎょっとした | **furious** 怒り狂った ↑ angry 怒った | **beautiful** 美しい ↑ pretty かわいい |

## Lesson 26
# リクエストやご招待には、スマートな返事で応じたい!

海外ドラマや映画を観ていると、その返事の仕方が気になってしまいます。ちょっと気の利いた、相手が嬉しくなるような返事ができるようになったら、素敵ですよねー。

### ☑ リクエストに対して

**Q Can I borrow your pen?**
ペンを借りてもいいですか?

**Yes, of course.**
ええ、もちろん。

**I'm afraid not.**
申し訳ないけど、ムリです。

**Yeah, no problem.**
あぁ、問題ないよ。

**Go ahead.**
どうぞ。

**Sorry, I can't.**
すみませんが、できません。

**Yes, help yourself.**
ええ、持っていって(ご自由に)。

**Yes, sure.**
はい、いいですよ。

### ☑ 招待に対して

**Q Would you like to play golf with me this weekend?**
週末、僕と一緒にゴルフに行っていただけませんか?

**I'm sorry, I can't.**
ごめんなさい、できないの。

**Yes, great!**
うん、いいわね!

**Yes, lovely!**
ええ、素敵だわ!

**I'd love to, but I'm afraid I have to~.**
行きたいけれど、残念なことに私は~しなくてはならないんです。

**I'd love to!**
ええ、喜んで!

## ☑ 提案に対して

**No, thank you.**
いえ、結構です。

**Yes, sure.**
はい、いいですね。

**Yes, I don't mind.**
ええ、私は構いませんよ。

> Q **Let's** go to the pub!
> パブに行こうよ!
> Q **Shall we** watch the DVD?
> DVD観ませんか?

**Good idea!**
いいアイディアだね!

**Sorry**, I'm busy.
すみません、私は忙しいんです。

**Yes, fine.**
うん、いいね。

**Yeah, great!**
ワーイ、いいね!

I think **I would prefer to**〜
私はどちらかというと、〜したいのですが。

**Yes, if you like.**
うん、君がそうしたいなら。

**I'm afraid** I can't.
申し訳ないのですが、できません。

**Oh, no!**
あぁ、残念!!

**Yes, okay.**
うん、OK。

---

### こんなフレーズも誘いの言葉!

▶ **We could** have lunch.
私たちはランチをすることができますよ。→「ランチしようよ」

▶ **Why don't we** go for a walk?
なぜ、散歩に出かけられないの?→「散歩しようよ」

▶ **How about** going out with me tonight?
今夜、僕とデートすることについてどう思う?→「デートしようよ」

▶ **What about** having holiday next month?
来月、休暇を取ることについてどう思う?
→「来月、休暇を取ろうよ」

このように言われた時には、上にあるような返し方をしましょう!

## Lesson 27

### 混乱せずに正しく言える?
### go / come はこうして使う!

イギリスで生活しはじめた頃、よく言い間違えていたのが、goとcome。「自分が向かっていくのに、どうしてcome？」と思っていたら、実はルールがあったんです。

☑ **go/comeの基本のルール**

**go** ← 自分が**離れていく**（話し相手が今いる位置から自分が離れていく時）

話し相手

**come** ← 自分が**近づいていく**（話し相手のほうへ自分が近づいていく時）

いくつかの例で慣れましょう!

---

**例1** 友人の家で遊んでいて、帰る時間になった時

話し相手（友人）のいる所から離れるので **go**

残念

**It's late! I have to go.**
遅くなっちゃった！帰らないと。

---

**例2** 友人から「ウチに遊びに来ない?」と誘われた時

話し相手（友人）のいる所へ近づくから **come**

**Thanks! I will come to your house later.**
ありがとう！後であなたの家に行くわ。

## Lesson 28
## takeとbring、どっち?
### 同じように運ぶのにも違いがあります。

似たような動作なので、時々、迷っていたのがtakeとbringだったのですが、実は考え方はgo/comeの使い方と一緒。いったん理解してしまえば、意外に簡単です♪

☑ **takeとbringの基本ルール**

**take** ← 話し相手 ← **bring**

**話し相手のほうから**
モノを持っていく
（離れていく）

**話し相手のほうへ**
モノを持っていく
（近づいていく）

### こんなふうに使います!

**食前** キッチンで母の料理が出来上がった時

話し相手のほうから
別のところへ
持っていくから **take**

ありがとう!

**Shall I take the dish to the dining room?**

ダイニングルームへ料理を
持っていこうか（運ぼうか）?

**食後** 母がキッチンで後片づけをしている時

話し相手のほうへ
持っていくから **bring**

お願い!

**Shall I bring the dishes from the dining room?**

ダイニングルームから料理を
持っていこうか（下げようか）?

### イギリスの迷信③

# 「やってはいけないこと」

　みなさんもご存じの通り、イギリスは雨の多い国です。ですから、傘は必需品。ある雨の日に、学校から帰ってきて、びしょびしょに濡れた傘を乾かすために、自分の部屋で広げて干していました。そんな時、ホストマザーのサリーが部屋に入ってきました。そして、急に叫んだのです。「キャーッ、Kayo、傘をたたんで！」と。何のことだかさっぱりわからず、言われた通りに即座に傘をたたみました。でも、事情がわからない私は、ポカっと口を開いたまま。「何が起こったの？」と、恐る恐る尋ねてみると、実は、イギリスでは家の中で傘を広げることがタブーだったんです。なんでも、不幸が訪れたり、子孫が続かなくなるらしく…。でも、濡れた傘をそのままにしておくと臭くなったり、カビが生えてしまうのでは？　というのが、日本人である私の心情。。。その辺を聞いてみたのですが、「そんなことは気にしない、とにかく家の中で傘を広げるなんてもってのほか！」とキレられてしまいました。そのくらい、いけないことらしい。別の日、友人とデパートに行った時、いい感じの傘があったので、柄をチェックしようと広げようとしました。その途端に友人が、「広げちゃダメー、Kayo！」と。どうも、傘を広げてはいけないのは家の中だけではなく、「屋内」ということらしい。イギリス人は、どうやって傘の柄のチェックをするのでしょう？　とにかく、そんなに良くないことなの？　と理解しかねる迷信です。ちなみに、晴れた日に傘をさすのも良くないらしい。そしたら、日本の日傘はどうなの？　と、ふと思ってしまいました。

## Lesson 29 いつ決めた？ 未来のことを伝えるにはここがポイント！

未来のことを言う時はwillを使うと覚えていたんですが、イギリスに行ってから、場合によってはbe〜ingを使うことを知りました。この違い、わかりますか？

### ☑ 「いつ決めた」かが重要!

willは突発的に決めたこと、be〜ingは以前から決めていたこと。そう覚えると簡単。ケースバイケースで使い分けましょう。

---

**will 〜** → 即座の決断・たった今決めた時

▶ 電話やドアベルが鳴った時
**I will pick up** the phone!
私が（電話を）取るよ!

▶ 約束を決めた時
**I will see** you on Sunday!
（じゃあ）日曜日に会おうね!

▶ とっさに思う時
**I will have** a cup of coffee!
（そうだ）珈琲を飲もう!

---

**be 〜ing** → 前から決めていた時・計画・予約

▶ 予定が決まっている時
**I am going** to Paris next month.
来月、パリに行くんです。

▶ 予約やアポを取っている時
**I am meeting** a new client today.
今日は新しいクライアントに会う予定なんです。

▶ ちょっと前から決めていた時
**I am having** bagels for lunch!
お昼には、ベーグルを食べようと思っているんです!

## Lesson 30
## 実はルールがあった！
# 時に関する表現はこれで完璧。

時間や日時を伝える時に、atを使うべきかonを使うべきか、いつも悩んでいた私。そんな時に教えてもらったルールがこれ！　今でも手帳に書き込んで見直しています。

### ☑ 日時の表記はこう覚える！

あやふやになりがちな前置詞は、時間→日→曜日→月→季節→年の順に並べると簡単！

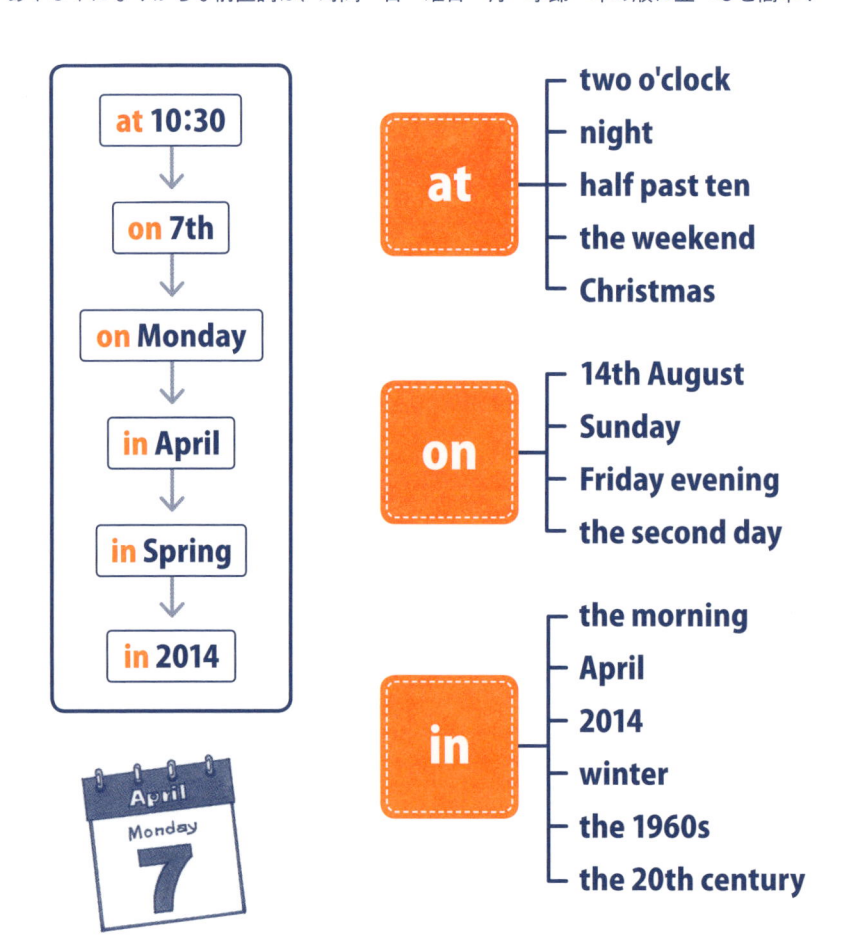

at 10:30
↓
on 7th
↓
on Monday
↓
in April
↓
in Spring
↓
in 2014

**at**
- two o'clock
- night
- half past ten
- the weekend
- Christmas

**on**
- 14th August
- Sunday
- Friday evening
- the second day

**in**
- the morning
- April
- 2014
- winter
- the 1960s
- the 20th century

## ☑ 日時や曜日を正確に質問できる?

基本のフレーズなのに意外に勘違いしやすいのが、曜日の聞き方。思い込みは禁物です!

**time** 今、何時?
What is the **time**?

**day** 今日は何日?
What is the **date** today?

**week** 今日は何曜日?
What **day** is it today?

> dayは「日」でなくて「曜日」を聞いているんです

**month** 今は何月?
What **month** is it?

**year** 今年は何年?
What **year** is it?

---

### 一定期間の表現を別バージョンで言うと?

日本でもこんなふうに覚えますよね。イギリス独特の言い方もあるので要チェック!

**60 seconds = a minute**
60秒　　　　　1分

**60 minutes = an hour**
60分　　　　　1時間

**24 hours = a day**
24時間　　　　1日

**7 days = a week**
7日間　　　　　1週間

**2 weeks = a fortnight**
2週間　　　　　2週間

**52 weeks = a year**
52週間　　　　1年

**10 years = a decade**
10年　　　　　10年

**100 years = a century**
100年　　　　　1世紀

## Lesson 31 経験や結果、状況を話す時のパターンを覚えよう。

英語が苦手だったので、過去分詞なんて言われると、それだけで拒否反応が出ていたんですが、これを避けていたら会話が先に進まないので、私なりにわかりやすくまとめてみました。

☑ **過去を振り返りつつ話す時の3パターン**

**1 経験を話す** → ～したことがある

▶ 東京に(今までに)行ったことはありますか？
**Have** you ever **been to** Tokyo?

everやneverはこの位置！

▶ 彼はイタリアに3回行ったことがあるんだ。
He **has been to** Italy three times.

▶ 私、ジョニー・デップに会ったことが(今までに)ないの。
I **have** never **met** Johnny Depp.

---

**ここが違う!!**

| 行ったことがある | 行ってしまった |
|---|---|
| **have been to ～** | **have gone to ～** |
| ▶ He **has been** to America. | ▶ He **has gone** to America. |
| 彼はアメリカへ行ったことがある。 | 彼はアメリカに行ってしまった。 |
| 戻ってきて、今、ここにいる | 今、ここにはいない |

### 2 済んだことや結果を話す →〜してしまった/〜したところだ

▶ (私は)ちょうどその仕事を終えたところ!
**I have just finished the work.**

> just や already はこの位置!

▶ 彼はすでにそのDVDを観てしまった。
**He has already watched the DVD.**

▶ 彼はまだそのDVDを観ていません。
**He hasn't watched the DVD yet.**

> yet は否定形に使われ、文末につきます

### 3 継続していることを話す →(ずっと)〜している/〜である

▶ 私は10年間イギリスに住んでいます。
**I have lived in England for 10 years.**

> 期間を表します

▶ 彼は先週の日曜日からずっと忙しい。
**He has been busy since last Sunday.**

> 始まった時点を表します

▶ どのくらい東京に(ずっと)住んでいるのですか?
**How long have you lived in Tokyo?**

## Lesson 32
## 同じ「乗る」でも、タクシーを利用する場合は要注意!

まっすぐ目的地に連れていってくれるタクシーは便利ですが、電車やバスなどの乗り物とちょっとだけ違うことがあります。私はよく言い間違えて、指摘されてばっかりでした。

### ☑ 乗り降りはこの6つの動詞で完璧!

**get on** 乗る
ex) I **got on** the bus for Canterbury.
カンタベリー行きのバスに乗りました。

↔

**get off** 降りる
ex) Can I **get off** here?
ここで降ろしてください。

**get in** 乗り込む 〈タクシーの場合〉
ex) I saw her **get**ting **in** a taxi.
彼女がタクシーに乗り込むのを見たよ。

**take** 捕まえる 〈タクシーの場合〉
ex) He **took** the taxi in front of the office.
彼がオフィスの前でタクシーを捕まえたんだ。

**miss** 乗り遅れる
ex) I **miss**ed the train for London.
ロンドン行きの電車に乗り遅れたの。

↔

**catch** 間に合う
ex) I **caught** the 10.10 bus.
10時10分発のバスに間に合った。

### こんな単語も一緒に覚えよう!

- **run** (電車が)走る
- **fare** 運賃
- **timetable** 時刻表
- **punctual** 時間に正確な
- **queue** 列
- **full** 満員

## Lesson 33
## 道に迷ったら、恥ずかしがらずに人に聞こう。

道に迷っても慌てることはありません。会話をするいいチャンスなので、地元の人を見つけて、ゆっくり話しかけてみましょう。外国人だとわかれば、丁寧に教えてくれるはず！

### ☑ 道を尋ねる時に便利なフレーズ

すみません、お尋ねしてもいいですか？
**Excuse me. May I ask you something?**

＊最初にこの言葉をつけるだけで、相手の態度が変わります！

銀行を探しています。
**I'm looking for a bank.**

ここはこの地図ではどこですか？
**Please tell me where I am on this map.**

ヴィクトリア駅はどちらですか？
**Could you tell me where Victoria station is?**

❓ ここから近い（遠い）ですか？
→ **Is it near (far from) here?**

❓ このあたりにカフェはありますか？
→ **Is there a cafe around here?**

❓ そこへはどれくらい時間がかかりますか？
→ **How long does it take to get there?**

❓ 美術館へはどうやって行くのですか？
→ **How can I get to the museum?**

## Lesson 34
# これさえ覚えれば、もう駅の窓口でも困らない!

見知らぬ土地へ行く時は何かと不安ですが、使うフレーズは限られているので、覚えておくと安心です。まずは、駅の窓口で切符を買うところから始めましょう!

## ☑ 駅の窓口で切符を買う

ロンドンまでの往復切符を1枚ください。
**Can I have a return ticket for London?**
＊片道切符は**one-way ticket**です。

日帰り、それとも期限つき? ***Day return or period return?***
＊「○○日まで有効」という、戻りの期限のある切符のこと。

日帰りで。**A day return, please.**
＊最後にコレを忘れずつけよう!

£18だよ。***That's £18.***

(お金を渡す)はい。**Here you go.**
＊何かモノを人前に出す時の決まり文句。

はい、じゃあ、おつりとチケットね。
***Here's your change and your ticket.***

ありがとう。**Thank you.**

**customer**
客

**station staff**
駅員

## ☑ 困った時にはこのフレーズ！

利用する交通機関によって、使うフレーズもさまざま。電車、バス、タクシーといろんな手段がありますが、基本のパターンを押さえておけば、いざという時も安心です。

**電車**

ⓘ 行き先が不安!
→ **Is this train for Dover?**
この電車はドーバーまで行きますか?

ⓘ ちゃんと目的の駅で止まる?
→ **Does this train stop at Ashford Station?**
この電車はアッシュフォード駅に止まりますか?

ⓘ 発車時刻を知りたい!
→ **What time does the train leave?**
何時に発車しますか?

ⓘ 乗り換えが必要?
→ **Do I have to change trains?**
乗り換えをしなければなりませんか?

**バス**

ⓘ どのバスに乗ればいい?
→ **Which bus goes to this place?**
この場所に行くにはどのバスに乗ればいいですか?

ⓘ 運賃はいつ払う?
→ **When can I pay the fare?**
いつ運賃を払いますか?

ⓘ 降りる駅がわからない!
→ **Could you tell me when we arrive there?**
そこへ着いたら教えていただけませんか?

**タクシー**

ⓘ 行き先を告げたい!
→ **Would you take me to the station, please?**
駅まで連れていっていただけますか?

ⓘ 目的の住所を伝えたい!
→ **Here is the address.**
(メモを見せながら)これが住所です。

ⓘ 料金を知りたい!
→ **How much is it to the place?**
その場所まで、いくらですか?

ⓘ かかる時間を知りたい!
→ **How long does it take to get there?**
そこへ行くのにどのくらい時間がかかりますか?

> やさしい長文で動詞を覚えよう。
> ―コンコルドで習った読む学習法Ⅱ―

# Evenings

During the week I usually **stay in** and **have a rest**,
　　　　　　　　　　　　　　家にいる　　　体を休める(休憩を取る)
but I often **go out** at the weekend.
　　　　　　　外出する
Quite often I **invite** my friends for dinner.
　　　　　　　招く
Otherwise, they just **come round**
　　　　　　　　　　　立ち寄る
for a chat or playing games.

1週間のうち、私はたいてい家にいて、体を休めますが、
週末はよく外出します。
かなり頻繁に友人たちをディナーに招きます。
そうでなければ、おしゃべりやゲームをしに
彼らがちょっと立ち寄ってくれます。

# Wear

I got up at 7.30, **got dressed**, and had breakfast.
get dressed＝服を着る

It was a cold morning

so I **put on** my overcoat and left home about 8.20.
(衣類を)着る

When I got to work I **took off** my coat
take off＝(衣類を)脱ぐ

and **hung it up** behind the door.
引っ掛ける

It was hot in the office,

so I **took** my jacket **off** as well.
(ジャケットを)脱ぐ

During my lunch break I had a look around the shops.

I saw a nice jacket in one shop and **tried it on**,
try on＝試着する

but it didn't **fit** me—it was **too** small.
合う　　　　　　　　〜すぎる

私は7時半に起き、服を着て、朝食をとりました。
寒い朝だったので
コートを着て8時20分頃に家を出ました。
職場に着くとコートを脱いで、
ドアの後ろにそれを引っ掛けました。
オフィスは暑かったので、
ジャケットも同様に脱ぎました。
お昼休みにはショップを見て回りました。
ひとつのお店で素敵なジャケットを見つけ、それを試着しましたが、
私には合いませんでした。小さすぎたのです。

繰り返し読むことで、日常生活に欠かせない動詞が覚えられます！

## Lesson 35
## "the"がつくのは、どんな時?
### 丸覚えの前に頭の整理を!

いったい誰が決めたの? と思うくらいにtheをつけるかつけないかは覚えにくい。先生には「とにかく覚えるしかない」って言われましたが、こんなふうに整理してみました。

☑ **この固有名詞にtheは必要? 不要?**

| theをつける! | ↔ | theをつけない! |
|---|---|---|

**theをつける!**

**海洋/河川**
the Pacific (ocean) 太平洋
the Hudson River ハドソン川

**海峡/半島**
the English Channel イギリス海峡
the Bering Strait ベーリング海峡

**山脈**
the Alps アルプス山脈

**砂漠**
the Sahara サハラ砂漠
the Gobi ゴビ砂漠

**運河/船**
the Panama Canal パナマ運河
the Titanic タイタニック号

**博物館/劇場**
the British Museum 大英博物館
the Globe Theatre グローブ座

**連邦/共和国など**
the United Kingdom 英国

**theをつけない!**

**湖**
Lake Michigan ミシガン湖
Loch Ness ネス湖

**島/岬**
Great Britain グレートブリテン島
Land's End ランズ・エンド岬

**山**
Mt. Fuji 富士山

**公園/広場**
Hyde Park ハイドパーク
Trafalgar Square トラファルガー広場

**駅**
King's Cross Station キングスクロス駅
Victoria Station ヴィクトリア駅

**学校/教会**
Eton College イートン校
St. Mary's Church セント・メアリー教会

**国**
Japan 日本

☑ **こんな場合にもtheをつけよう!**

- **唯一のもの(天体)**
  the sun 太陽
  the moon 月

- **方角**
  the south 南
  the left 左

- **種族全体**
  the panda パンダ

- **〜の人々/〜群**
  the young 若者たち
  the Smiths スミス夫妻
  the Pyramids ピラミッド群

## ☑ こんな時もthe

**特定のものを指す時**
I like **cats** very much.
私は猫が好き！

I like **the cat** very much.
私はその猫が好き！

（好きなのはその猫だけ）

**2回目以降に登場する時**
She has got **a cat** and **a dog**. **The cat** is very cute.
彼女は猫と犬を飼っているの。その猫がとっても可愛くて。

## ☑ ちなみにa/anをつける場合は？

① **一般的な数えられるもの** a pen　an orange

② **仕事や職業** a dentist　a waiter

③ **その他**
- **〜につき** twice a day 1日に2回
　　　　　£0.5 a copy 1部あたり0.5ポンド
- **ある〜の日** on an Easter あるイースターの日に
- **〜という人** a John ジョンという人
- **〜の作品/製品** a Gogh ゴッホの作品
　　　　　　　　a Sony ソニー製品
- **〜家の人** a Jackson ジャクソン家の人

## イギリスって複雑!!!

（そうだったんだ！）

イギリスの正式名称を英語で言うと「**the United Kingdom of Great Britain and Northern Ireland**（グレートブリテンおよび北アイルランド連合王国）」になります。「イギリス」というのは通称。「連合王国」と言われるように、①イングランド、②スコットランド、③ウェールズ、④北アイルランドの4つの国から成り立っています。皆さんご存じのイギリスの国旗（ユニオンジャック）ですが、あれはウェールズを除く、3つの国の国旗の組み合わせなんです。知ってました？

**イギリス**
グレートブリテンおよび北アイルランド連合王国

イングランド　スコットランド　北アイルランド

## Lesson 36 数字がすらすら読めたら
### カッコいい！まずは基本の読み方から。

世界共通の数字ですが、英語と日本語では読み方がちょっと違います。単純に覚えるしかありませんが、すらすら読めたら気持ちいいですよね。慣れることが一番の近道かも。

### ☑ 基本的な読み方

**hundred (and)**

**379**

→ 3 **hundred** (**and**) seventy-nine

1,000,000 → **1 million**
1,000,000,000 → **1 billion**

**thousand** **hundred (and)**

**2,860**

→ 2 **thousand** (,) 8 **hundred** (**and**) sixty

**hundred** **thousand** **hundred (and)**

**470,384**

→ 4 **hundred** seventy **thousand** (,) 3 **hundred** (**and**) eighty-four

### ☑ 電話番号の読み方

**01227 864 777**

オー ワン ダブルトゥー セブン エイト シックス フォー トリプルセブン

## ☑ お金の読み方

50p → fifty **p** (pence)　　　　£47.99 → 47 **pounds** 99 (pence)
£9.40 → 9 **pounds** 40 (pence)　　£100 → 1 **hundred pounds**

## ☑ スコアの言い方

**サッカー**　2−0 → two **nil**　　**テニス**　40−0 → forty **love**

## ☑ 少数とパーセンテージ

0.7 → **nought point** seven　　1.5 → one **point** five
6.02 → six **point oh** two　　1.25 → one **point** two five
26% → twenty-six **percent**

## ☑ 分数

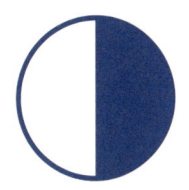

1/2 → **a half**　　1/3 → **a third**　　1/4 → **a quarter**

1¾ → **one and three quarters**

## ☑ 計算

**+ = addition**

6 + 4 = 10
six  plus  four  equals  ten

**− = subtraction**

6 − 4 = 2
six  minus  four  equals  two

**× = multiplication**

5 × 1 = 5
five  multiplied by  one  equals  five

**÷ = division**

4 ÷ 2 = 2
four  divided by  two  equals  two

## Lesson 37 具体的に**サイズを知りたい**時は、こんなふうに聞こう!

bigなのかsmallなのかは見てわかるけれど、もっと具体的にサイズ感を知りたい！ そんな時には、What〜かHow〜を使って、質問攻めにしちゃいましょう!!

### ☑ サイズに関する単語

モノの大きさを知りたい時に必要な単語は以下の通り。どんどん使ってみて！

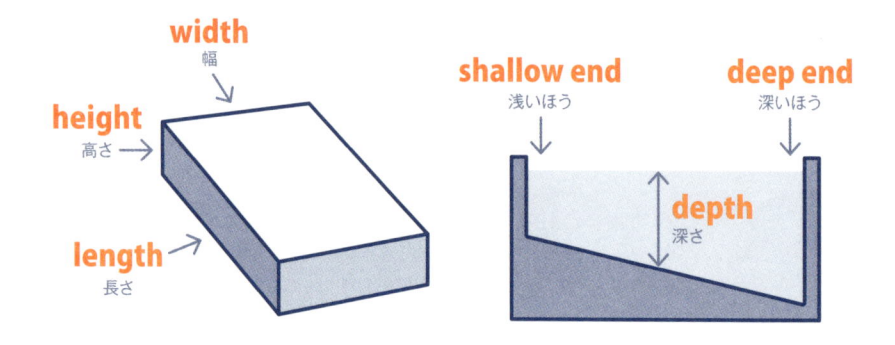

- **width** 幅
- **height** 高さ
- **length** 長さ
- **shallow end** 浅いほう
- **deep end** 深いほう
- **depth** 深さ

### サイズの聞き方　What / Howどちらの聞き方でもOK!

|   | What | How |
|---|---|---|
| 長さ | What's **the length** of ……?<br>〜の長さは? | How **long** is ……?<br>〜はどれくらいの長さ? |
| 幅 | What's **the width** of ……?<br>〜の幅は? | How **wide** is ……?<br>〜はどれくらいの幅? |
| 高さ | What's **the height** of ……?<br>〜の高さは? | How **high** is ……?<br>〜はどれくらいの高さ? |
| 深さ | What's **the depth** of ……?<br>〜の深さは? | How **deep** is ……?<br>〜はどれくらいの深さ? |

（注）……には聞きたいものが入ります

## Kayoのボキャブラリー Up 大作戦!! ⑤

### 今の気持ちを素直に伝える言葉を覚えよう。

☑ 今はどんな気持ち?

**I'm nervous.**
緊張してる。

**I'm annoyed.**
イライラしてる。

**I'm embarrassed.**
恥ずかしい。

**I am disappointed.**
がっかり。

**I am shocked.**
ショック。

**I'm scared.**
怖い。

**I am moved.**
感激。

**I'm worried.**
心配してる(悩んでる)。

**I'm jealous.**
うらやましい。

## Lesson 38
# 強調して言いたいなら、justを極めよう!

日本人にもなじみのあるjustですが、本当にいろんな使い方ができて便利なんです。さまざまなシチュエーションで使えるので重宝しますよ。お試しあれ！

### ☑ 基本的なjustの使い方

「ちょうど」「まさに」「〜なだけ」など、使い方によって微妙に意味合いが違ってくるjustですが、実はどれも「続く言葉を強調している」と覚えるとシンプルです。

**ちょうど・たった今**
I have **just** arrived at home.
たった今、家に着いたところです。

**本当に・まさに**
The performance was **just** amazing!
その演技は本当に素晴らしかった!

**〜だけ・ただそれだけの**
I **just** wanted to say 'Thank you' to you.
私はあなたにただ「ありがとう」って言いたかったの。

**ただの**
He is **just** a friend to me.
彼はただの友達です。

## ☑ ちなみにjust likeはこう使う

just likeもよく使う表現。シンプルな使い方なので、いろんな場面で活用できますよ！

**そっくり／ほぼ一緒**
He is **just like** his father.
彼は父親そっくり。

**〜と同然**
She is **just like** my family.
彼女は私の家族同然です。

**〜のよう**
It was **just like** in a movie.
映画のようだったわ。

---

### ただの有名人って、どういうこと!?

セレブというと、高級な邸宅やマンションに住んでいて、食べるものも着るものも一流。そんなふうに解釈していた私ですが、ある時、イギリスでCelebrity（セレブリティ）の暮らしぶりを紹介する番組を観ていて、ふと疑問に思いました。それは、どうしても彼らが「**お金持ち**」には見えなかったから。。。「どうしてこの人たちがセレブなの？もしかして、以前はセレブだった人のその後？」。私はどうしても納得がいかず、周りの人に聞いてみました。そうしたら…

**They are just famous people, the rich are different!**
彼らはただの有名な人たちで、お金持ちとは違うのよ！

そう、Celebrityはお金持ちではなく、「**著名人・有名人**」という意味だったのです。つまり、セレブといえば芸能人やスポーツ選手、ニュースキャスター、政治家などのことで、たとえ庶民的な暮らしをしていてもセレブはセレブで間違いなかったんです。日本では、セレブという言葉にどうしても「優雅なお金持ち」のイメージがあるので、一般的に知られていない人でもセレブと呼んだりしますよね。人だけじゃなく、ファッションやインテリアでも「高級」なものを「セレブっぽい」って言ったり。こんなふうに外来語の落とし穴は意外とあるもの。みなさんも、海外で英語っぽい言葉を使う時は、気をつけましょうね。思い込みは禁物です！

## イギリスの迷信④

*mistletoe*

# 「クリスマスの素敵な風習」

クリスマスの時期、イギリスの友人たちと、いつものようにパブに行きました。そこで楽しくおしゃべりをしていた時のことです。そのパブの店主が、突然私のところにやってきて、「Kayo、あの意味知っている？」と、赤いリボンに結ばれた木の枝が天井からぶら下がっているのを指差しました。私が「知らないよっ」と答えると、「じゃあ、あの枝の下に行ってごらん！」とウインク。私が言われた通りに恐る恐るその枝の下に行くと、どうしたことか、突如、パブにいた男の人たちが私のところにやって来るではないですか！ そして、代わる代わる私にキスしていくのです！ 意味もわからず、ただそこに立ちつくし、大男たちのキス攻めにあう私…（唖然）。そんな私を見て大笑いしているパブの店主と友人たち。後から知ったのですが、その木の枝は **mistletoe**（ヤドリギ）といい、「クリスマスの時期、ヤドリギの下では、女性は男性からのキスを拒否できない」という風習があるらしいのです。おまけに、もしそのキスを拒むと、婚期が遅れる!!! とも。また別の話では、「クリスマスにヤドリギの下でキスをしたカップルは、永遠の愛で結ばれる」というロマンティックな言い伝えもあります。
そんなことを知らなかった私は、素直にヤドリギの枝の下に行き、大変な目にあってしまったのです（トホホ）。そしてこれもまた、私のイギリス生活での、一つの笑い話となりました。

## Lesson 39
# 「〜したい」という気持ちは、この2つのフレーズを使い分ける！

「〜したい」を want to 〜 で表現するのも間違いではないのですが、どうやらストレートな印象で伝わるらしく…。ここでは、イギリス式に丁寧な言い回しも覚えておきましょう。

## ☑ 時と場合によって使い分けよう

自分の「〜したい」という気持ちを伝える場合、相手が誰なのか、どういうシチュエーションなのかで言い方も違ってきます。これだけを知っていても表現が豊かになりますよ。

[丁寧な言葉でスマートに伝える場合]

### would like to ＋動詞

**I'd like to** go with you.
あなたと一緒に行ってみたいのですが…。

**I'd like to** drink something.
何かお飲み物をいただきたいのですが…。

**I'd like to** see you again.
あなたにまたお会いしたいのですが…。

What **would you like to** eat for lunch?
ランチは何にしたいですか？

[ストレートに気持ちを伝える場合]

### want to ＋動詞

I **want to** go with you.
あなたと一緒に行きたい！

I **want to** drink something.
何か飲みたい！

I **want to** see you again.
あなたにまた会いたい！

What do you **want to** eat for lunch?
ランチに何を食べたい？

---

**ちなみに** 気が乗らない時はこう言おう

**don't want to〜**
＝〜したくない

Sorry, I **don't want to** go with you.
ごめんなさい、あなたとは一緒に行きたくないの。

## Lesson 40 具合が悪い時には、どう言えばいいの?

できれば使わずに済ませたいフレーズですが、病院で症状を訴えたり、薬を買ったりする時のためには、ひと通り覚えておきたいですね。油断は禁物です!

### ☑ 風邪の症状にはこの表現!

**I sneeze.**
くしゃみをします。

**I cough.**
咳をします。

**I blow my nose.**
鼻をかみます。

**I have a cold.**
風邪をひいています。

**I have a fever.**
熱があります。

**I have a sore throat.**
喉が痛いんです。

---

「痛み」を表す3つの単語

エイク　ペイン　ハート
**ache / pain / hurt**

head**ache**(頭痛)などに使われる**ache**は「鈍い感じの痛み」で、**pain**よりも長い間続くものを言います。**pain**は「鋭い痛み」を言います。また**hurt**は「苦しむ感じの痛み」で、心が傷ついた時にも使います。

## ☑ その他の症状やケガにはこの表現!

**I have a headache.**
頭痛がします。

**I have hay fever.**
花粉症です。

**I have diarrhoea.**
下痢しています。

**I feel sick.**
吐き気がします。

**I have a hangover.**
二日酔いです。

**I cut my finger.**
指を切ったんです。

**I burnt my hand.**
手をヤケドしました。

**I broke my arm.**
腕を折りました。

**I twisted my ankle.**
足首をひねりました。

## Lesson 41
### 習うより慣れよ!?
# お買い物で会話レッスン!

ショッピングと同時に英会話が楽しめるなら一石二鳥。ここでは、洋服屋さんでよく使う店員さんとのやりとりをピックアップ。ショップに行ったら、どんどん話しかけてみましょう。

### ☑ お店の人への質問例

手に取ってみてもいいですか?
**Can I touch this?**

試着してもいいですか。
**Can I try it on?**

サイズはいくつですか?
**What size is this?**

これでデザイン違いはありますか?
**Do you have this in different designs?**

サイズがきつすぎ(ゆるすぎ)ます。
**This is too tight (loose).**

あれを見せていただけますか?
**Can I see that?**

このシャツを返品してもいいでしょうか?
**Can I return this shirt?**

ほかの色はありますか。
**Do you have this in any other colours?**

取り替えてもらえますか?
**Can I exchange this?**

クレジットカードで支払えますか?
**Can I pay by credit card?**

## シーン1：お店の人に声をかけられたら。

↓店員さんの決まり文句

**Can I help you?**
何かお探しですか？

shop assistant
店員

**必要ない** **No, I'm just looking, thanks.**
いいえ、ただ見ているだけです、ありがとう。

**必要** **Yes, I'm looking for a blue jumper.**
はい、青い上着を探しているんです。

**必要ない** **I'm being served, thanks.**
(ほかの店員がすでに)応対してくれています、ありがとう。

customer
客

## シーン2：試着をした後に…。

**How do you like it?**
いかがですか？

shop assistant

**買う** **Yes, I'll take this one.**
これ、いただくわ。

**買わない** **No, I'll leave it thanks.**
いらないわ、ありがとう。

**買わない** **Sorry, it's not for me.**
すみませんが、気に入りません。

customer

## Lesson 42
### 間違えないで言おう！お金やモノの貸し借り。

英語圏で生活するなら、こんなフレーズも時には必要になってきます。友達関係でも、お金やモノの貸し借りはきちんとしておきたいですよね。

☑ 「借りる」と「貸す」はこの単語

| 借りる | | 貸す |
|---|---|---|
| **borrow** | ↔ | **lend** |

ex) I **borrow** money from you.
私はあなたにお金を借りている。

ex) My friend **lent** me a car.
私の友人が車を貸してくれた。

**お金を借りる時はこのフレーズ**

**May I borrow** £30, please?
30ポンド借りられませんか？

**Could you lend** me £30, please?
30ポンド貸していただけませんか？

言い方が違うだけで、意味は一緒です！

### もうひとつの"貸す"

そうだったんだ！

実は「貸す」には**lend**のほかに**rent**があります。レンタルビデオやレンタカーの**rent**です。この違いは、貸す際にお金が発生するかしないか。**lend**は無償で**rent**は利子や貸し賃がかかります。かつて私はこれらの区別がつかず、「辞書貸して！」と友人に聞く時に**rent**を使い、「お金くれるの？」と喜ばれたことがありました（苦笑）。

## Lesson 43 ドギマギせずに注文できる、このフレーズをフル活用!

英語だらけのメニューを見て、クラクラしてしまったのは私だけ? とにかく、注文くらいはスマートに決めたいものですね。基本的に難しいフレーズはないので、実践あるのみ!

### ☑ カフェで注文するには?

珈琲をいただけますか? **Can I have** a cup of coffee, please?
＊注文の時はCan I have〜でOK!

ブラックですか、ミルク入りですか? **Would you like black or white?**

ブラックでお願いします。**Black, please.**
＊最後にpleaseをつけると相手も気分がよくなりますよ!

ほかに何か要りますか? **Anything else?**

いいえ、結構です。**No, thank you.**
＊お断りする時の決まり文句はコレ!

### ☑ レストランなどで使ってみよう

❓ 座りたい席がある
→ **Can I sit at that table?**
(指差しながら)あの席に座っていいですか?

❓ オーダーしたい
→ **May I order now?**
オーダーをお願いします。

❓ おすすめを聞きたい
→ **Which one do you recommend?**
おすすめはどれですか?

❓ 支払いをしたい
→ **Can I have the bill?**
お勘定をお願いします。

## Lesson 44
# これだけ覚えておけば、気軽に電話できちゃう。

電話って、表情が見えないしジェスチャーも使えないから、思った以上に難しいですよね。私も最初は緊張しっぱなしでした。でも基本フレーズはこれだけ。頑張って覚えましょう。

### ☑ 電話を取った時

☎ 誰からの電話か、相手の名前を知りたい時
**Who's calling, please?**
どちら様でしょうか？
**NG** Who are you?

☎ うまく聞き取れなかった時
**Could you speak more slowly?**
もう少しゆっくりお話しいただけますか？

☎ 「Sallyさんをお願いします」と言われ、彼女に代わる時
**I'll just get her. Hold on, please.**
彼女に代わりますね。ちょっとお待ちください。
**NG** Just a moment.

☎ 「Kayoさんをお願いします」と言われ「はい、私です」と返事をする時
**Speaking.** はい、私です。
--------
**This is Kayo.** Kayoですが。
**NG** I'm Kayo.

☎ 同じ人から、再び電話が来た時
**She's not back yet.**
彼女はまだ戻っていません。

☎ 彼女が家にいない時
**I'm afraid she's out.**
（すみませんが）彼女は外出中です。

→ **Can she call you back?**
（あとで）彼女に電話させましょうか？
--------
**I'll tell her that you called.**
あなたから電話があったことを伝えます。

## ☑ 電話をする時

☎ 初めに、自分の名を告げる時
**Hello, this is Kayo.**
こんにちは、Kayoです。

☎ 相手の名前を尋ねる時
**Hello, is that Jane?**
こんにちは、ジェーンですか?

NG Are you Jane?

☎ 話したい相手を尋ねる時
**May I speak to Gordon?**
ゴードンとお話しさせていただけますか?

☎ 話したい相手がいなかった時
**Do you know when she'll be back?**
いつ頃、彼女は戻りますか?

**I'll call her again later.**
後でかけ直します。

**Please tell her to call me.**
私に電話をするよう、彼女に伝えてください。

**Would you tell him that I called?**
電話があったことを彼に、お伝えいただけますか?

---

### ちなみに 留守電応答メッセージは、聞き取れる?

日本であれば「ただ今電話に出ることができません。ピーッと鳴ったら伝言を、どうぞ」という留守電メッセージ。私も初めのうちは、なかなか聞き取れませんでした(汗)。ちなみに私のイギリスの携帯では、こんなことを言っています。

> **Welcome to the O2 Messaging Service. The person you are calling is unable to take your call. Please leave your message after the tone.**
> ようこそ、O2のメッセージ・サービスへ。あなたがお電話をしている方は、電話に出られません。発信音の後にメッセージをどうぞ。

＊私はO2(オーツゥ)という電話会社に入っています。docomoとかSoftBankみたいなものです。

# Lesson 45 要注意! 全く同じ表現でも意味が違うことがあります。

同じ単語の組み合わせなのに、意味がいくつもある場合があります。用例と一緒にまとめてみたので、もしこんな表現に出合ったら、勘違いしないように気をつけて!!

## ☑ よく登場する8つの表現

### put up

❶ 手を挙げる
**Put** your hand **up**!
手を挙げて!

❷ 我慢する
I can't **put up** with her behaviour.
彼女の振る舞いに我慢できない。

### look up

❶ 見上げる
I **looked up** at the big tree.
私は大きな木を見上げました。

❷ 調べる
I **looked up** the spelling in my dictionary.
私は辞書でつづりを調べました。

### fall out

❶ 毛が抜ける
After my operation, all of my hair **fell out**.
手術後、私の髪の毛は全部抜けちゃいました。

❷ ケンカをする
Jane and John **fell out** again last night.
ジェーンとジョンは昨晩またケンカしたんだよ。

### get through

❶ 終わらせる
I can't **get through** this work before noon.
この仕事を正午前に終わらせることはできない。

❷ 合格する
I think she'll **get through** the exam.
私は彼女がその試験に合格すると思う。

## take off

**❶ 脱ぐ**
I **took off** my jacket.
私は上着を脱ぎました。

**❷ 離陸する**
The plane will **take off** shortly.
まもなく飛行機は離陸します。

**❸ 割引する**
I'll **take off** 10 percent.
10%引きしますよ。

## hold on

**❶ つかむ**
You have to **hold on** tight!
しっかりつかまっていないとダメよ!

**❷ 電話を切らないでおく**
"**Hold on**. I'll just get her."
(電話で)「ちょっと待ってて。彼女に代わるから」

## go off

**❶ 消える・止まる**
The heater **goes off** every night.
ヒーターは毎晩止まります。

**❷ 鳴る**
My alarm clock didn't **go off** this morning.
今朝、私の目覚まし時計は鳴らなかった。

**❸ 悪くなる・腐る**
The fish will **go off** very quickly.
魚はすぐに傷みます。

**❹ 爆発する**
The bomb **went off** at the station.
その爆弾は駅で爆発しました。

## pick up

**❶ 拾う・拾い上げる**
I **picked up** shells on the shore.
海岸で貝殻を拾った。

**❷ 車で拾う・迎えに行く**
Could you **pick** me **up** from the station at 16.00?
16時に駅で私を拾ってくれませんか?

**❸ 受け取る**
I **picked up** my photos in the shop.
私は写真をお店で受け取りました。

**❹ (知識を)身につける**
Where did you **pick up** those manners?
そのマナーはどこで身につけたんですか?

やさしい長文で動詞を覚えよう。
ーコンコルドで習った読む学習法Ⅲー

# Food

In the week I **have breakfast** at 7.30 a.m.,
朝食をとる

**lunch** at 1.00 p.m., and **dinner** around 7 p.m.
have lunch＝昼食をとる　　　　　have dinner＝夕食をとる

I also **have** one or two **snacks**
お菓子を食べる

during the day at work.

As I live alone,

I have to **make my own breakfast and dinner**,
自分の朝食と夕食を作る

but during the week

I don't feel like **cooking** very much.
料理する

週日、私は午前7時半に朝食をとり、
午後1時には昼食、午後7時ぐらいに夕食をとります。
私はまた仕事中に1つか2つのお菓子を食べます。
私は一人暮らしなので、
自分の朝食と夕食を作らねばなりませんが、
週日はとても料理をする気が起きません。

# Work

In the morning I **leave home**
家を出る
about 8.15 a.m.

and **get to work** by 9 a.m.
仕事場に着く

I **have a lunch break** from 1-2 p.m.,
お昼休みをとる

and a couple of short **breaks** during the day.
have a break＝休憩をとる

I **leave work** around 5.30 p.m.
仕事場を出る

and **get home** about 6.15 p.m.
家に着く

朝、午前8時15分くらいに家を出て、
午前9時に仕事場に着きます。
私は午後1時から2時までお昼休みをとり、
一日に休憩を2、3回とります。
私は午後5時半くらいに仕事場を出て、
午後6時15分くらいに家に着きます。

# Housework

I **do the shopping** on Saturday.
買い物をする

Fortunately I **have a cleaner**
清掃員がいる

and she **does** most of **the housework**:
do the housework＝家事をする

she **does** my **washing**,
do the washing＝洗濯をする

**the washing up** and **the ironing**.
do the washing up＝食器洗いをする　do the ironing＝アイロンをかける

私は土曜日に買い物をします。
運よく私にはクリーナー
（清掃全般を引き受けてくれる人）がいて、
彼女がほとんどの家事をやってくれます。
彼女は洗濯をしますし、食器を洗ったり、
アイロンがけなどをします。

繰り返し読むことで、日常生活に欠かせない動詞が覚えられます！

## Lesson 46

## ウェルダン！この言葉がとっさに出たらネイティブ並み。

自然に感嘆詞が出るようになったら、英語に慣れてきた証拠かも。とっさの感情が1ワードで伝わるので、何かと便利なんです。ちなみに、私はまず真似から入りました。

☑ **こんな時にはこの一言！**

### 喜び・感動

イェーイ
**Yeah!**
やったー！

ウワォ
**Wow!**
うわー！

ウーピー
**Whoopee!**
ワーイ！

オーマイゴッド
**Oh my God!**
なんてスゴイ！

フレーイ / フラー
**Hurrah!**
バンザーイ！

ワンダフル
**Wonderful!**
素晴らしい！

オーライト
**Alright!**
やったぁ！

エクセレント
**Excellent!**
素晴らしい！

グレイト
**Great!**
ステキ！

---

彼からの突然のプレゼントに驚き

ウワォ
**Wow!** まぁ！
**What wonderful flowers!**
なんて素敵なお花なの！

父が子供を褒める

ウェル　ダン
**Well done!** よくやった！

**I got full marks!**
100点取ったよ！

## 驚き

またソースのシミをつけてしまった

**Oops!** (ウップス)
おっと!

**Oh!** (オー)
おぉ!

**Ah!** (アー)
あぁ!

**Ouch!** (アウチッ)
痛い! 熱い!

**Why?** (ワイ)
なんで?

**What?** (ワット)
なに?

**Ha!** (ハッ)
はっ!

**Oh my goodness!** (オー マイ グッドネス)
なんていうことを!

> **Dear me!** (ディア ミー) どうしましょ!
> I have done it again.
> またやっちゃった。

## 軽蔑・苦笑

下手な役者に対してブーイング

**How stupid!** (ハウ スチューピッド)
なんてバカげた!

**Ridiculous!** (リディキュラス)
バカバカしい!

**Nonsense!** (ナンセンス)
無意味!

**Phooey!** (フーイ)
ちぇっ!

**Huh?** (ハァ)
はぁ?

**Bah!** (バー)
フン!

> **Boo!** (ブー) へたくそー!
> Go away from the stage!
> 舞台から降りろー!

## 悲しみ

**Ah!** (アー)
あぁ!

**Oh my God!** (オー マイ ゴッド)
なんてこった!

**Oh no!** (オー ノー)
あぁそんな!

**Oh dear!** (オー ディア)
おぉどうしたことか!

## まずい・不快

**Yuck!** (ヤック)
オエーッ!

**Ugh!** (アグ)
うえっ!

**Phoo!** (フー)
ひゃあー!

**Disgusting!** (ディスガスティング)
ムカつく! 超まずい!

## Lesson 47 生活の中で使うフレーズは、とにかく丸覚えがいちばん!

子供たちが言葉を覚えていくように、生活の中で使うフレーズは、何も考えずにとにかくそのまま覚えるのがいいみたいです。繰り返し使うので自然に口から出るようになります。

☑ 私がよく使うフレーズ

**pick me up** ↔ **drop me off**
(車で)迎えに来て！　(車で)送っていって！

**She is out.**
彼女は外出中です

**help yourself**
ご自由にどうぞ

**to meet him** ↔ **see him off**
出迎える　　　　　見送る

**I'm leaving.**
**I'm going.** ↔ **I'm home.**
**I'm off.**　　　　ただいま
行ってきます

会社の帰宅時「じゃあ、僕は帰るね！」と同僚たちに言う場合にも**I'm off.**を使います。もちろん、**I'm going back home.**でもOK！

**Long time, no see.**
久しぶりね！

**Time to go.**
時間よ

**Thank you all of you.**
皆さまに感謝します。

**Thank you both of you.**
おふたりに感謝します。

**I have a lot on my plate.** ↔ **I'm just killing time.**
(仕事など)やるべきことがたくさんある　　暇を持て余しているだけ

**He drives me mad.**
彼は私をイライラさせる

**coming soon**
(もうすぐ)やってくる

**I have no clue.**
全くわからない・知らない

**I'm under the weather.**
体調が悪くて
女性が生理中などの時に使います。

**I'm coming!**
すぐ行くよ!

**I won't be long.**
すぐ戻るよ

**May(Can) I come in?**
入ってもいいですか?

## なんで犬がheで猫がsheなの?

そうだったんだ!

イギリスではペットを代名詞で呼ぶ時に、犬を **he**、猫を **she** で呼びます。ある日、なぜなのかを周りに尋ねてみたのですが、「うーん、なんとなく…」と。特に決まりはないようですが、とりあえず、このように呼んでみて、性別が間違っている時には、飼い主が直してくれるから気にする必要がないと言われました。例えば、こんな感じに♪

**私** She's very cute, isn't she?
彼女(猫)はとても可愛いわね、そう思わない?

**飼い主** Oh, it's actually a he!
あぁ、実は**オス**なんだ。

**私** Sorry, he's very handsome!!!
失礼しました、**彼**(猫)はとてもハンサムね!!!

不安だったら、最初にこう聞こう!
**Is your dog a he or a she?**
あなたの犬はオスですか、メスですか?
**Is this a he or a she?**
(目の前にいたら)オスですか、メスですか?

## Lesson 48
## どれだけわかる？いまどきの略語だってマスターしたい！

日本語同様に英語にも省略語がいくつもあります。イギリス人は、文字制限のある携帯電話のショートメールを使う人が多いので、文中で略語を使うことが多いんです。

### ☑ いまどきの略語を覚えよう！

**PLS** お願い
please

**IMO** 私的には
in my opinion

**ASAP** できるだけ早く
as soon as possible

**OT** 話は変わるけど
off topic

**FYI** 参考までに
for your information

**THX** ありがとう
thanks

**TBH** 正直に言うと
to be honest

**SYL** また後で
see you later

**BRB** すぐに戻ります
be right back

**LOL** 大笑い（笑）
laughing out loud

### ☑ おなじみの略語いろいろ

日本人にもなじみのある略語もたくさんあります。何を略しているのかわかりますか？

エトセトラ
**etc.** = and so on ～など

シー・オー
**c/o** = care of ～方（～様方）

イー・ジー
**e.g.** = for example 例えば、

アイ・イー
**i.e.** = that's to say, in other words
すなわち・言い換えれば

> 日本で例を表す時には**ex.**と書きますが、英語では**e.g.**なんです！

## Lesson 49 それって何の表現？日本語と比べてみよう。

日本語と英語の表現の違いを比べてみると面白いですね。ほんのちょっと似ていたり、どこかで見覚えのある言葉もあったりして、世界は広いのか狭いのか…。どう思いますか？

### ☑ 音や様子を表す言葉で日英比較!

- 英語
- 日本語

グリター **glitter** / ギラギラ光る

トウインクル **twinkle** / キラキラ

ティックタック **ticktack** / チクタク

ディンドン **ding-dong** / (鐘などの音) ガランガラン

フラッシュ **flush** / (水が) ドッと

スニップ **snip** / チョキン

トウイッター **twitter** / 鳥のさえずり

ピターパター **pitter-patter** / (心臓が) ドキドキ

チープ **cheep** / チューチュー

バズ **buzz** / ブンブン

クラップ **clap** / (手拍子) パチパチ

タップ **tap** / トントン

## Kayoのボキャブラリー Up 大作戦!! ⑥
### 反対語とセットで覚えて、ボキャブラリー倍増!

☑ **日常生活に登場する言葉をピックアップ**

| | | | |
|---|---|---|---|
| **fast** 速い ↕ **slow** 遅い | **early** 早い ↕ **late** 遅い | **clean** 清潔な ↕ **dirty** 汚い | **quiet** 静かな ↕ **noisy** うるさい |
| **friendly** 親しみやすい ↕ **unfriendly** 友好的でない | **big / large** 大きい ↕ **small / little** 小さい | **safe** 安全な ↕ **dangerous** 危険な | **exciting** 刺激的な ↕ **boring** 退屈な |
| **happy** 楽しい ↕ **sad** 悲しい | **easy** やさしい ↕ **difficult** 難しい | **tall** 背が高い ↕ **short** 低い | **strong** 強い ↕ **weak** 弱い |
| **right** 正しい ↕ **wrong** 間違った | **polite** 礼儀正しい ↕ **rude** 無礼な | **high** 高い ↕ **low** 低い | **light** 軽い ↕ **heavy** 重い |

| | | | |
|---|---|---|---|
| **rich** 裕福な ↕ **poor** 貧しい | **expensive** 値段が高い ↕ **cheap** 安い | **famous** 有名な ↕ **unknown** 無名な | **major** 多数派の ↕ **minor** 少数派の |
| **public** 公的な ↕ **private** 私的な | **soft** 柔らかい ↕ **hard** 硬い | **first** 最初の ↕ **last** 最後の | **married** 結婚している ↕ **single** 独身の |
| **modern** 近代的な・モダンな ↕ **old** 古い | **fresh** 新鮮な ↕ **old** 古い | **full** 満たされた ↕ **empty** 空の | **beautiful** 美しい ↕ **ugly** 醜い |

## 2語以上で1つの言葉!

そうだったんだ!

聞き覚えのあるこれらの単語。実は、2語以上が合わさって1つの意味を作り出しているんです。ほかにもいろんな組み合わせがあるので、探してみると楽しいですよ。

**good-looking** 見栄えの良い
**well-known** よく知られている
**brand-new** 新品の

**second-hand** 中古の
**short-sleeved** 半袖の
**left-handed** 左利きの

**first-class** ファーストクラスの
**part-time** パートタイムの

southpawは「左利きの人」

## Lesson 50 緊急事態！トイレに行きたい時はどう言えば？

学校ではなかなか教えてくれませんが、実は絶対に覚えておきたいのが「トイレ」を使いたい時のフレーズ。限界まで我慢せず（！）、スマートに切り出したいですね。

### ☑ これだけは知っておこう！

▶ よその家でトイレを借りる時
**May I use the toilet?**
トイレをお借りしてもよろしいでしょうか？

▶ レストランなどでトイレを尋ねる時
**Where is the toilet?**
トイレはどちらでしょうか？

▶ ちょっと席を外す時に周りの人へ
**I'm going to the toilet.**
トイレに行ってきます。

▶ 友人同士でフランクな時には
**I need to pee!**
おしっこがしたい！

もっと"限界"な時には、
**I'm desperate** (for pee)**!**
（おしっこが）我慢できないー！

▶ こんな時は…
**I have diarrhoea.** 下痢しています。
**I'm constipated.** 便秘しています。

---

#### ちなみに／トイレの呼び方はどれが正解？

トイレのことを **rest room** とか **bathroom** と言ったりしますが、これらはアメリカ英語です。イギリスでは主に **toilet** を使い、ちょっと品良く言う時は **loo**（ルー）を。日本でもおなじみのWCは **water closet** の略で、イギリスはじめヨーロッパで使われています。また上流階級の人たちは **toilet** とダイレクトに言うのを嫌い、**lavatory** を使うことが多いようです（そう言えば、飛行機のトイレは lavatory ですね）。ちなみに **toilet** はアメリカで「便器」という意味だったりして。トイレは侮れません。

## Lesson 51 韻を踏んだ言葉遊びで英語に慣れよう!

韻を踏んだ言い回しは、どの国でもあるようですね。単なる言葉遊びですが、口にするとちょっと楽しく感じるから不思議。機会があれば、お試しください!!

### ☑ イギリスの韻を踏んだフレーズ

俗語ですが、大人から子供まで楽しく使うフレーズを集めてみました。"Good night, sleep tight!"なんて、私もよく使っちゃいます。

オキー ドキー
**Okey-dokey!**
「さて、〜始めよう」「了解」

ラヴリィ ジョブリィ
**Lovely Jubbly!**
「最高!」「素敵!」

サプラーイズ サプラーイズ
**Surprise Surprise!**
「驚いたでしょ!」
＊ちなみに、このフレーズをタイトルにしたTV番組があります。

イージィー ピージィー
**Easy peasy!**
「そんなの簡単さ!」

シー ユー レイター アリゲーター
A: **See you later, alligator.**
「またね」
アフター ア ワイル クロッコダイル
B: **After a while, crocodile.**
「ええ、またね」
＊「サヨナラ三角、また来て四角」的なちょっと古いフレーズ。  

グッド ナイト スリープ タイト
**Good night, sleep tight!**
「ぐっすりおやすみ」

## Lesson 52
## 意外に似てる？
# 日英ことわざ表現。

人はどこに住んでいても、考えることは一緒!? 日本語と英語の「ことわざ」を比較してみたら、親近感が湧いてくること必至です。英語で言えるようになると、もっと楽しいかも。

### ✓ 有名なことわざを英語で覚えよう！

日本でも有名なことわざが、実はイギリス由来のものだったりして、なんだか不思議。さまざまなコミュニケーションを通して、世界は繋がっているんですね！

---

🇯🇵「一石二鳥」
🇬🇧 **It will kill two birds with one stone.**
1つの石で2羽の鳥を殺す。

---

🇯🇵「隣の芝生は青い」
🇬🇧 **The grass is always greener on the other side of the fence.**
芝生はいつもフェンスの向こう側のほうがより緑色。

---

🇯🇵「郷に入りては郷に従え」
🇬🇧 **When in Rome, do as the Romans do.**
ローマにいる時はローマ人がするように行動せよ。

---

🇯🇵「嵐の前の静けさ」
🇬🇧 **After a calm comes a storm.**
静けさの後に嵐がくる。

🇯🇵「木を見て森を見ず」
🇬🇧 **One can't see the wood for the trees.**
木を見るために樹林を見ることができない。

- 🇯🇵 「時は金なり」
- 🇬🇧 **Time is money.**
  時間はお金。

- 🇯🇵 「病は気から」
- 🇬🇧 **Fancy may kill or cure.**
  幻想は人を殺しも治しもする。

- 🇯🇵 「佳人薄命」
- 🇬🇧 **The good die young.**
  善人たちは若死にする。

- 🇯🇵 「恋は盲目」
- 🇬🇧 **Love is blind.**
  恋は盲目。

- 🇯🇵 「千里の道も一歩から」
- 🇬🇧 **You have to learn to walk before you run.**
  走る前に、歩くことを学ばねばならない。

- 🇯🇵 「二度あることは三度ある」
- 🇬🇧 **What happens twice happens three times.**
  2度あることは3度ある。

- 🇯🇵 「類は友を呼ぶ」
- 🇬🇧 **Birds of a feather flock together.**
  同じ羽色の鳥は1ヵ所に集まる。

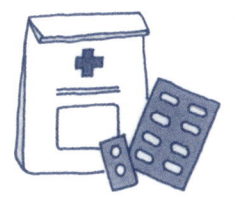

- 🇯🇵 「良薬口に苦し」
- 🇬🇧 **Good medicine tastes bitter.**
  良い薬は苦い味がする。

留学生時代、こんな生活をしていました。

# イギリスでの私の一日

**7** ····· 起床　朝の支度をしながらBBCのニュース番組をチェック！絶好のリスニングの場です。

**8** ····· 朝食　朝、最初に飲む紅茶は最高♪　その後、その日の気分によって、シリアル、パン、フルーツなどをたっぷり食べます。

**9** ·····
午前授業1　9:00-10:30
教室の中だけでなく、天気のいい日は公園で輪になって会話の授業をしたり、カフェでお茶しながら勉強したり！

＜お天気がいいと会話も弾みます♪＞

**10** ····· 休憩　先生を捕まえて、この時とばかりに質問を！

**11** ·····
午前授業2　11:00-12:30
1時間目が「会話」中心の授業だったら、この時間は「文法」だったり「ヒアリング」だったりと、バラエティに富んでいました。

＜授業はとてもアットホーム！＞

**12**

**13** ····· ランチ　12:30-14:00
学校内にある共有スペースで友人たちと楽しいランチ。私は韓国やタイの友人たちとお弁当をシェアしていました。この時間は、絶好のコミュニケーション・タイム！

**14**

---

**私の学んだ学校**

コンコルド・インターナショナル
Concorde International

所在地：Arnett House, Hawks Lane,
　　　　Canterbury, Kent, CT1 2NU ENGLAND
TEL：+44 (0) 1227-451-035
URL：www.concorde-int.com
Email：sales@concorde-int.com（日本語可）

## 15

## 16

### 学校で授業の復習
**14:00-16:30**
空いている教室を借りて、午前中に勉強したことを、全て理解できるまで、徹底的に復習！

### 家でホストマザーのお手伝い
宿題や復習の必要がない時は、家に直行してホストマザーのサリーのお手伝い。ガーデニングしたり、料理を習ったり、孫と遊んだり、親戚の家に行ったり…。

or

> これこそがまさに生きた英語でした。

## 17

## 18

**夕食** — 家族そろっての夕食。天気の良い日は庭で食べることも。夕食後は、おしゃべりタイム。今日の出来事を話したり、週末の計画を立てたり…。

↓

**夕食後**

### パブへ行く
行きつけのパブへ行き、常連さんたちとおしゃべり。パブによっては、水曜や木曜の晩にミュージック・ナイトを催すので、歌ったり踊ったり！ 時々、パブのハシゴをしたりもします。イギリス人は、本当にパブ好きです。

> ここでもたくさん英語を学びました。

## 19

## 20

## 21

### 心を癒す
毎週火曜日の晩はメディテーション（瞑想）が行われ、私も参加していました。1時間の瞑想後は、皆でお茶とおしゃべり。私にとっては週に一度のお楽しみ時間でした。

### 大人も本気のゲーム
イギリス人はゲーム好き。夏は庭で「輪投げゲーム」、冬は室内で「モノポリー」や「Wii」で燃えます！ 大人から子供まで一緒に楽しむのがイギリス流。子供と一緒でも、大人は決して容赦しません。

## 22

## 23

### ちなみに週末は…
夏は週末ごとに、誰かしらの家でBBQやパーティが開かれます。みんな、おしゃれして参加します。昼間のパーティが落ち着くと、夕方からはカラオケパーティ。歌って、踊りまくります。また天気の良い日は、おしゃべりしながら海辺を散歩したり、山を散策したりと、歩くことも大好き。たまにはキレイな夕日を見に行くことも。とにかく大人になっても、しっかり休日を楽しむ、それがイギリス・ライフです。

**重盛佳世**（しげもり・かよ）

1969年、長野県生まれ。東京造形大学にてデザインを学び、卒業後、大手スポーツメーカーに勤務。多くの海外ブランドのPR業務に携わり、40歳目前で退社。一念発起して渡英し、カンタベリーの語学学校（コンコルド・インターナショナル）にて英語を基礎から学び直す。現在は英国と日本を行き来し、両国の架け橋となって活躍。著書に、本書の姉妹版「全くダメな英語が1年で話せた！アラフォーOL Kayoの『秘密のノート』」（マガジンハウス）がある。

## 全くダメな英語が1年で話せた！ アラフォーOL Kayoの『秘密のノート』とことん初級編

2014年 4月14日　第1刷発行
2015年 2月20日　第7刷発行

| | | |
|---|---|---|
| 著者 | **重盛佳世** | |
| | （テキスト&イラストレーション） | |
| 発行者 | 石﨑 孟 | |
| 発行所 | 株式会社マガジンハウス | |
| | 〒104-8003　東京都中央区銀座3-13-10 | |
| | 書籍編集部　☎03-3545-7030 | |
| | 受注センター　☎049-275-1811 | |
| 印刷・製本所 | 大日本印刷株式会社 | |
| 編集協力 | Colin Stone・Gordon Powell・鶴貝 誠・庄子ひとみ | |
| 装丁／本文デザイン | 千葉淳也・菊地彩子（ローヤル企画） | |

©2014 Kayo Shigemori, Printed in Japan
ISBN978-4-8387-2662-2 C2082

乱丁本・落丁本は購入書店明記のうえ、小社制作管理部宛にお送りください。送料小社負担にてお取り替えいたします。但し、古書店等で購入されたものについてはお取り替えできません。定価はカバーと帯に表示してあります。本書の無断複製（コピー、スキャン、デジタル化等）は禁じられています（但し、著作権法上での例外は除く）。断りなくスキャンやデジタル化することは著作権法違反に問われる可能性があります。

マガジンハウスのホームページ　http://magazineworld.jp/